Optimales Projektmanagement

Philip Baguley

Optimales Projekt-management

Strategische Planung

Erfolgreiche Durchführung

Effiziente Kontrolle

Übersetzung:
Dorothee Köhler (Gelnhausen),
Jürgen Ulrich Lorenz (Wiesbaden)

Fachliche Beratung:
Prof. Dr. Franz Giesel (Wiesbaden)

Inhalt

Danksagung

Die Ideen, Erkenntnisse, Erfahrungen und Einflüsse, die in einem Buch Gestalt annehmen, entwickeln sich häufig langsam und werden nach und nach durch die Schwierigkeiten des Alltagslebens verbessert.

Ich danke allen Personen, die ich in der Vergangenheit geführt, beraten und trainiert habe – in der einen oder anderen Weise tragen sie alle zu diesem Buch bei. Auch Teresa Chris, Mark Allin und Richard Stagg, die mir mit Rat und Unterstützung zur Seite standen, sowie meiner Partnerin Linda Baguley, deren Ratschläge und Meinungen mir während des Schreibens stets eine große Hilfe waren, möchte ich danken.

Philip Baguley

Einleitung

Was haben die Arche Noah, das Überschallflugzeug Concorde und der Aufbau eines leistungsfähigen Unternehmens gemeinsam? Es sind Beispiele für Projektmanagement. Dieses Buch beschäftigt sich mit genau diesem Prozess, nämlich der erfolgreichen Leitung von Projekten.

Am Ende des 20. Jahrhunderts sind bedeutende Veränderungen ein regelmäßiges, fast schon alltägliches Merkmal unserer Arbeitswelt geworden. Viele dieser Veränderungen äußern sich in Form von „Projekten" und diese werden oft von Managern geleitet, deren Erfahrungen und Fähigkeiten aus den regelmäßigen, immer wiederkehrenden Anforderungen des Tagesgeschäfts resultieren. Wie Sie in diesem Buch erfahren werden, sind jedoch alle Projekte einzigartig. Aus diesem und auch aus anderen Gründen erfordern sie Fähigkeiten, die sich erheblich von denen unterscheiden, die das Tagesgeschäft einem Manager abverlangt.

ZIELE

Ziel dieses Buches ist es, Ihnen – als (angehendem) Projektleiter – einen Leitfaden an die Hand zu geben, der Wege und Möglichkeiten zeigt, wie Sie ein Projekt effizient leiten können. Wenn Sie dieses Buch gelesen haben, sollten Sie wissen,

- ◆ was ein Projekt ist,
- ◆ wie Sie ein Projekt erfolgreich planen, leiten und kontrollieren,
- ◆ wie Sie sicherstellen, dass das Projekt einen Beitrag zum Fortbestand und zum Erfolg des Unternehmens leistet,
- ◆ wie Sie Ihre eigenen Projekte mit Selbstvertrauen angehen können.

*K*ONZEPTION, INHALT UND AUFBAU

Dies ist weder ein Lehrbuch, noch beschäftigt es sich – wie viele Bücher über Projektmanagement – ausschließlich mit der Leitung großer und komplexer Projekte. Es berücksichtigt vielmehr, dass Projekte

◆ in einem begrenzten oder überschaubaren Rahmen stattfinden,

◆ bescheidene oder begrenzte Ergebnisse erzielen, wie beispielsweise Beeinflussung oder Veränderung bestimmter Einstellungen, Verbesserung der Leistung, Restrukturierung von Firmen oder Abteilungen etc.,

◆ von Managern geleitet werden, die keine technische Ausbildung haben (oder diese nicht benötigen).

Dieses Buch ist auch nicht dazu bestimmt, einmal durchgelesen und wieder vergessen zu werden; vielmehr sollten Sie häufiger einen Blick hineinwerfen, darin blättern und nachschlagen. Seine Inhalte sind praxisbezogen und ergebnisorientiert, denn der Text basiert auf nützlichen Ideen und Methoden, die Ihre Fähigkeiten zur Leitung von Projekten entwickeln und verbessern werden. Viele Ihrer Projekte werden bezüglich Umfang und Kosten begrenzt sein. Aber gerade der Leitung dieser kleineren Projekte soll besondere Aufmerksamkeit gewidmet werden, da sie häufig zur Ergebnisverbesserung durchgeführt werden und Manager – oft nur zeitweise – darin eingebunden sind.

Jedes der 14 Kapitel behandelt einen speziellen Aspekt des spannenden Prozesses des Projektmanagements. Den Anfang macht ein einführendes Kapitel, das Wesen, Charakteristika und Verschiedenartigkeit von Projekten betrachtet und miteinander vergleicht und sie den Abläufen des Tagesgeschäfts, die vielen Managern vertraut sind, gegenüberstellt. Dieses Kapitel beschäftigt sich auch mit den Schlüsselfaktoren eines Projekts: Zeit, Kosten, Ausführung und Qualität. Die nachfolgenden Kapitel handeln davon, wie man Projekte

◆ beurteilt und auswählt,

◆ organisiert,

◆ plant,

◆ leitet,

◆ überwacht,

◆ kontrolliert.

Alle Projekte haben eines gemeinsam: Sie zielen auf Veränderungen und auf das Management dieser Veränderungen. Die Teams, die den Schlüssel für den Erfolg eines Projekts bilden, und wie Sie als Projektleiter die Probleme und Konflikte lösen, die dieser Prozess der Veränderung nach sich ziehen kann: Alle diese Punkte werden in einzelnen Kapiteln behandelt. Abschließend erhalten Sie einen Überblick über die oft vernachlässigte Kunst, wie ein Projekt abgeschlossen wird und welches die Schlüsselfaktoren für erfolgreiches Projektmanagement sind. In einem Glossar werden die Fachbegriffe noch einmal kurz und einfach erklärt. Am Ende jedes Kapitels finden Sie eine Zusammenfassung, die Sie noch einmal an die wichtigsten Punkte erinnert. Viele dieser Zusammenfassungen enthalten Fragen, mit denen Sie Ihr neu erworbenes Wissen überprüfen können.

AN WEN RICHTET SICH DIESES BUCH?

In vielen Büchern zum Thema Projektmanagement wird vorausgesetzt, dass die Leser entweder ausschließlich als Projektleiter arbeiten oder diese Aufgabe häufig übernehmen. Dieses Buch wurde jedoch für die größere Gruppe der Manager geschrieben, die mit anderen Aufgaben beschäftigt sind und sich nur gelegentlich oder auf begrenzte Zeit mit Projektmanagement befassen. Immerhin unterscheiden sich deren Bedürfnisse, trotz vieler Gemeinsamkeiten, erheblich. Sie müssen beispielsweise

◆ Fähigkeiten zur erfolgreichen Leitung von Projekten entwickeln, damit sie leistungsfähiger werden – ungeachtet ihrer Dienstjahre und ungeachtet der Größe und der Ziele ihres Unternehmens,
◆ als Mentor oder Manager anderen helfen, die Fähigkeit zur erfolgreichen Leitung von Projekten zu entwickeln,
◆ die Fähigkeit zur erfolgreichen Leitung von Projekten als Teil eines beruflichen Weiterbildungsprogramms entwickeln.

Alle diese Manager, und auch andere interessierte Leser mit anderen Anforderungen sind herzlich zur Lektüre dieses Buches eingeladen, an deren Ende stehen wird, eigene Projekte mit nachhaltigem Erfolg zu beurteilen und auszuwählen, zu leiten und abzuschließen.

Projekte – typische Merkmale und Ziele

ÜBERBLICK

Der erste Schritt auf dem Weg zu erfolgreichem Projektmanagement besteht in einem Blick auf das, was unter einem „Projekt" zu verstehen ist. Dieses Kapitel beschäftigt sich mit den typischen Merkmalen von Projekten und vergleicht das Management von Projekten mit den Anforderungen, die das Tagesgeschäft an Manager stellt.

ZIELE

Wenn Sie dieses Kapitel gelesen haben, sollten Sie

– die charakteristischen Merkmale von Projekten erfasst haben,
– die Unterschiede zwischen Projekten und Aufgaben des Tagesgeschäfts kennen,
– eine grundsätzliche Definition kennen, die für alle Projekte gilt,
– mehr wissen über den Lebenszyklus von Projekten.

*P*ROJEKTE – KEINS WIE DAS ANDERE

Die frühesten Projekte, die Menschen in Angriff genommen haben, bestanden in der Errichtung großer Bauwerke wie dem Turm von Babel, Stonehenge oder den Pyramiden. Dabei handelte es sich um außergewöhnliche Projekte, die in einem Menschenleben nur einmal vorkommen.

In den 1990er Jahren dagegen werden Projekte mehr und mehr zum alltäglichen Bestandteil unseres Lebens, vor allem dort, wo Produkte hergestellt und Dienstleistungen erbracht werden.

Für diese Entwicklung gibt es zwei Gründe: Der erste liegt in der wachsenden Erkenntnis, dass dem Manager mit dem Projekt ein Instrument an die Hand gegeben ist, mit dem er die Nutzung der Unternehmensressourcen zielsicher planen und lenken kann. So liefert ein gut geplantes und geleitetes Projekt in allen Unternehmen einen erheblichen Beitrag zur Wirtschaftlichkeit und zum Erfolg, ungeachtet ihrer Ziele und ihres Produkt- oder Dienstleistungangebots.

Der zweite Grund hat etwas mit dem zunehmenden Wettbewerb zu tun und mit den Veränderungen des Umfelds, in dem alle Unternehmen agieren. Um in einem feindlichen Klima, das große Anforderungen stellt, überleben und wachsen zu können, müssen Unternehmen die Fähigkeit entwickeln, schnell auf Kundenanforderungen und Wettbewerb zu reagieren. Dafür ist das „Projekt" ein wirksames und bewährtes Instrument.

■ Projekte – groß oder klein?

Trotz des zunehmenden Einsatzes von Projekten ist es offensichtlich, dass viele Projekte, die wir kennen, große und teure Vorhaben betreffen, deren Ergebnisse in den Medien vorgestellt wurden. Beispiele sind das sowjetische Sputnik-Weltraumprogramm, die Landung der Amerikaner auf dem Mond, das Überschallflugzeug Concorde, der Kanaltunnel und der Assuanstaudamm. Aber nicht alle Projekte sind gewaltige, milliardenschwere, sich über Jahrzehnte hinziehende Vorhaben, die den Einsatz hoch entwickelter Technik erforderlich machen. Projekte, wie sie häufig in Unternehmen verwirklicht werden, sind von kürzerer Dauer und umfassen weniger teure Aktivitäten, wie beispielsweise die Einführung eines neuen Produktes, die Verkürzung der Vorlaufzeit für Produkteinführungen, die Neupositionierung von Einzelhandelsgeschäften oder die Verlegung von Büros oder anderen Anlagen.

■ Projekte – materielle oder immaterielle?

Projekte betreffen nicht nur greifbare materielle Resultate, sondern können genauso der Beschaffung von Informationen dienen, die Veränderung von Strukturen des eigenen oder eines anderen Unternehmens betreffen oder Ansichten und Verhalten anderer beeinflussen. Beispiele für diese Art von Projekten sind Werbekampagnen für den Kauf spezieller Produkte oder auch Kampagnen, die zu mäßigem Alkoholkonsum aufrufen oder andere Ernährungsgewohnheiten propagieren, etwa um das Risiko von Herzerkrankungen zu mindern.

Projekte in Unternehmen sind oft darauf ausgerichtet, gewisse Arbeitsabläufe zu ändern. Beispielsweise wird der Schlüsselprozess zur Verbesserung der Wirtschaftlichkeit in vielen Unternehmen als ein fortlaufender Prozess angesehen, der aus kleinen Schritten besteht.

Es gibt jedoch Umstände, die einen entscheidenden Sprung nach vorn nötig machen. Solche großen Schritte werden oft Projekte genannt und können sich in Bezug auf die Größe, die Kosten und die Dauer erheblich voneinander unterscheiden. So können sie den Ressourceneinsatz der Unternehmen betreffen, wie beispielsweise den Bau eines neuen Bürohauses oder einer Fabrik oder Veränderungen in Abläufen und Methoden, etwa die Einführung eines Qualitätsstandards nach DIN EN ISO 9000 ff. (EN 29000 ff.). Aber es kann sich auch darum handeln, das Verhalten der Mitarbeiter mit einer Kampagne für Total Quality Management (TQM) zu verändern oder die Meinungen von Kapitalanlegern durch die Neugestaltung des Geschäftsberichts zu beeinflussen.

Am unteren Ende der Größen- und/oder Kostenskala stehen Projekte wie die Entwicklung und Einführung eines neuen Weiterbildungsprogramms, die Installation eines Getränkeautomaten oder die Veränderung des Ablagesystems.

■ Projekte – Arbeit oder Spiel?

Erfahrungen mit Projekten sind nicht auf den Arbeitsplatz begrenzt, denn jeder Mensch war und ist mit Projekten befasst, die jeweils die eigenen individuellen Bedürfnisse und Wünsche reflektieren. Dabei kann es sich um die eigene oder die Ausbildung der Kinder handeln, die Wahl des Wohnorts, die Ausstattung des Hauses, die Entscheidung für ein bestimmtes Auto, Schwimmunterricht, Tanzstunde, Golfunterricht oder irgendeinen anderen Aspekt des Lebens. Ein Umzug, der Ausbau eines Hauses, die Organisation eines Urlaubs oder sogar das Aussuchen und Kaufen eines neuen Anzugs oder Kleides – alles sind Projekte.

■ Alle Projekte dieser Welt

Projekte können also verschiedenste Aspekte des Lebens betreffen und können

◆ jeden Umfang haben, von klein bis groß,
◆ Tage oder Jahre bis zur Fertigstellung dauern,
◆ einen Kostenrahmen bis zu mehreren Milliarden DM haben,
◆ materielle oder immaterielle Ergebnisse erzielen,
◆ eine beliebige Anzahl von Personen umfassen, von Einzelpersonen bis zu ganzen Nationen.

Ungeachtet der vielfältigen Unterschiede hinsichtlich Ergebnissen, Umfang, Kosten und Dauer haben alle Projekte einige gemeinsame Merkmale, ganz gleich, ob sie nun den Bau einer neuen Fabrik betreffen, den Kauf eines Anzugs oder Einstellung und Verhalten anderer Menschen ändern wollen.

1. Im Mittelpunkt aller Projekte stehen Menschen

Ungeachtet ihrer Dauer oder Ergebnisse erfordern Projekte die Fachkenntnisse und Fähigkeiten von Menschen, um die anstehenden Prozesse und Aktivitäten zu planen und zu steuern. Erst die Menschen mit ihren Fachkenntnissen und Fähigkeiten machen es möglich, dass sowohl Ablauf als auch Inhalt der Projekte an veränderte Bedingungen angepasst werden können. Ohne diese Menschen wären Projekte eine leere und bedeutungslose Hülle und enthielten wenig von der ursprünglichen Intention, der Energie, dem „Glanz". Die Abhängigkeit von Menschen haben Projekte mit den Vorgängen des Tagesgeschäfts gemein, die allenthalben in Firmen anfallen; sie brauchen zur erfolgreichen Verwirklichung ebenfalls die Fachkenntnisse und Fähigkeiten der beteiligten Mitarbeiter. Wie Sie jedoch noch sehen werden, unterscheiden sich die Anforderungen von Projekten sowohl im Inhalt als auch im Umfang von den Anforderungen der täglichen Routinearbeiten.

2. Alle Projekte sind einmalig

Jedes Projekt enthält im Kern Merkmale, die für dieses Projekt einzigartig sind. In manchen Projekten ist der Einfluss dieser Besonderheiten beträchtlich, was sie zu einzigartigen Ereignissen macht, während andere Projekte weniger einzigartige Merkmale aufweisen. Beispielsweise ist der Bau des Themse-Staudamms ein einzigartiges Projekt, das nirgendwo wiederholt werden wird. Hingegen besteht bei einem Projekt zum Bau von Wohnblocks im Einzugsgebiet einer Großstadt die Sonderstellung im jeweiligen Standort. Die Häuser sehen möglicherweise gleich aus und sind nicht unverwechselbar, der Standort jedoch ist einzigartig und besitzt seine ganz speziellen Merkmale, wie Form des Grundstücks, Größe, Kanalisation, Zufahrtsstraßen etc. Ähnlich verhält es sich mit einem Projekt, das eine Stadtverwaltung zur Restrukturierung des Sozialdezernats einrichtet: Es ist einzigartig, weil es unter anderem das politische und ökonomische Umfeld widerspiegelt, die Anzahl, Unterbringung und Bedürfnisse seiner Zielgruppe sowie die Verfügbarkeit, Fähigkeiten und Erfahrungen der Mitarbeiter. Nichtsdestoweniger wird ein Projekt, das innerhalb dieser Abteilung die Effektivitätssteigerung eines Teams zum Ziel hat, Ergebnisse bringen, die überall angewendet werden können, ungeachtet der Einmaligkeit in der Zusammensetzung des Teams und der Arbeitsbelastung. Alle Projekte sind darum mehr oder weniger einmalig. In dieser Hinsicht unterscheiden sie sich beträchtlich von den wiederkehrenden Routinetätigkeiten in den Unternehmen.

3. Alle Projekte sind zeitlich begrenzt

Alle Projekte haben eine bestimmte Dauer beziehungsweise festgelegte Abschlusstermine. Das heißt, dass ein Projekt an einem bestimmten Zeitpunkt beendet ist. Wenn dieser Punkt erreicht ist, wird das Projektteam aufgelöst oder ein anderes Projekt übernehmen – und das Ergebnis wird an diejenigen übergeben, die mit dem Tagesgeschäft betraut sind. Bei größeren und komplexeren Projekten kann die Dauer mehrere Jahre betragen, aber auch diese Projekte erreichen einen Punkt, an dem sie abgeschlossen sind. Dieses Charakteristikum unterscheidet sich ebenfalls stark von den täglichen Routinearbeiten.

4. Alle Projekte betreffen Veränderungen

Während die Routinearbeiten in den Unternehmen sich täglich wiederholen, vorhersehbar und stabil sind, beziehen sich die Aktivitäten im Rahmen eines Projekts fast ausschließlich auf Veränderungen – etwas Altes einreißen und etwas Neues aufbauen. Wie wir in Kapitel 9 noch sehen werden, unterscheiden sich die Fähigkeiten, die für das Management dieser Veränderungen gebraucht werden, von denen, die im Tagesgeschäft erforderlich sind, um die relative Stabilität und Vorhersehbarkeit zu sichern.

5. Alle Projekte haben festgelegte Ziele

Alle Projekte weisen klar definierte Ziele, Anforderungsprofile oder wünschens-werte Ergebnisse auf. Dies kann beispielsweise die Fertigstellung eines Gebäudes sein oder die Veröffentlichung eines Buches. Oft werden Zwischenergebnisse fest-gelegt, die, wie wir in Kapitel 5 sehen werden, helfen, das Projekt zu planen, zu kontrollieren und zu leiten. Oft hängen diese Zwischenergebnisse voneinander ab, das heißt, es müssen erst andere Vorgänge abgeschlossen sein, bevor sie ihrerseits erledigt werden können, und sie müssen alle zu einem Abschluss gebracht werden, um das gewünschte Ergebnis des Projektes zu erreichen.

6. Alle Projekte brauchen unterschiedliche Ressourcen

Ein Schlüsselkriterium von Projekten ist, wie Ressourcen eingesetzt werden. Zum Beispiel benötigt ein Projekt zur Reduzierung der Kriminalitätsrate in einer Stadt Informationen über die Art und die Orte begangener Straftaten, über die Betei-ligten – Opfer wie Täter – und darüber hinaus braucht es die Instrumente, um diese Informationen zu analysieren. Auch genaue Kenntnisse über die sozialen Struk-turen und Eigentümlichkeiten der Stadt müssen vorhanden sein, desgleichen, was an präventiven Maßnahmen möglich und machbar ist, und welche Kontrollmittel zur Verfügung stehen. Jede dieser Ressourcen kann von verschiedenen Personen repräsentiert, in unterschiedlichen Phasen des Projekts benötigt werden und ihr Einsatz temporär sein. Ähnlich verhält es sich mit einem Projekt zum Bau eines Hauses, das die zeitlich begrenzten Arbeiten von Maurern, Elektrikern, Tischlern, Fliesenlegern und Malern erfordert. Diese Arbeiten überschneiden sich selten, aber sie hängen voneinander ab. Der Maler kann beispielsweise nicht anfangen, bevor der Tischler, der Verputzer und der Fliesenleger ihre Arbeiten abgeschlossen haben. Diese wiederum können nicht beginnen, bevor der Elektriker seine Tätig-keit beendet hat. Die Kurzlebigkeit dieser Ressourcen zeigt sich ebenso in der Ausrüstung, die für das Projekt gebraucht wird – in diesem Fall die Bagger, Baugerüste, Kräne usw. In einem gut geplanten und geleiteten Projekt werden sie verfügbar sein, wenn sie gebraucht werden – nicht eher – und wieder ver-schwinden, wenn sie ihre Aufgabe erfüllt haben. Dies steht ebenfalls in starkem Gegensatz zu den permanenten Ressourcen, die im Tagesgeschäft der Unter-nehmen eingesetzt werden.

*P*ROJEKTE UND TAGESGESCHÄFT

Wie wir gesehen haben, unterscheiden sich die Merkmale von Projekten erheblich von denen des Tagesgeschäfts. Projekte haben festgelegte Zielvorgaben und Abschlusstermine, sind einmalig sowie von Veränderung und dem Einsatz von temporären Ressourcen geprägt, wohingegen das Tagesgeschäft in den Unternehmen mit Stabilität, Kontinuität und Wiederholung zu tun hat. Diese Unterschiede sind in der nachfolgenden Grafik dargestellt.

Abb. 1	Projekte und Tagesgeschäft

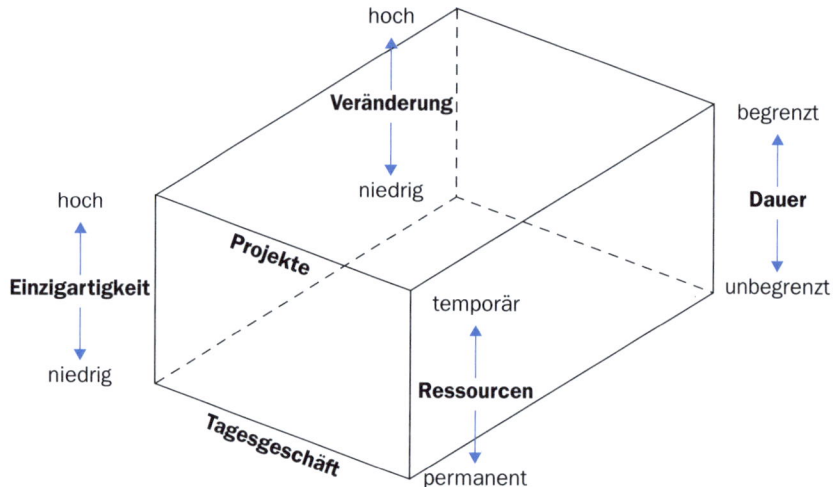

Projekte

◆ sind einzigartig,
◆ nutzen Ressourcen vorübergehend,
◆ haben festgelegte Ziele,
◆ betreffen Veränderungen.

Im Gegensatz dazu ist das Tagesgeschäft durch Wiederholung, Stabilität und den Einsatz festgelegter Ressourcen gekennzeichnet.

Aufgrund dieser Unterschiede müssen Projekte anders organisiert, geplant und geleitet werden als die Routinearbeiten, die in Unternehmen durchgeführt werden.

Die Unterschiede bedeuten, dass Projekte, wenn sie erfolgreich sein sollen, unterschiedliche Vorgehensweisen und Management-Fähigkeiten erfordern. Spätere Kapitel in diesem Buch werden sich damit befassen, wie Projekte strukturiert, geplant, geleitet, kontrolliert und abgeschlossen werden.

CHECKLISTE: PROJEKTE

1. Denken Sie an eine Arbeit oder eine Sache, die Sie zuletzt fertig gestellt haben.

2. Schreiben Sie in einem Satz auf, was Sie mit der Fertigstellung dieser Arbeit erreicht haben.

3. Beantworten Sie folgende Fragen über diese Arbeit:

Gab es einen festgelegten Anfangstermin?   Ja ☐   Nein ☐

Gab es einen festgelegten Endtermin?   Ja ☐   Nein ☐

Waren Sie und andere Personen mit einbezogen?   Ja ☐   Nein ☐

Wurde irgendetwas verändert?   Ja ☐   Nein ☐

Hatte diese Sache ein klares und festgelegtes
Ergebnis?   Ja ☐   Nein ☐

War das Ergebnis außergewöhnlich?   Ja ☐   Nein ☐

Wenn ja, war es außergewöhnlich, weil
– es so noch nie vorher durchgeführt wurde?   Ja ☐   Nein ☐
– Sie es noch nie vorher getan haben?   Ja ☐   Nein ☐
– es einmalig war?   Ja ☐   Nein ☐

Hat diese Aufgabe Menschen mit den
unterschiedlichsten Fachkenntnissen einbezogen?   Ja ☐   Nein ☐

Auflösung: Wenn Sie siebenmal oder öfter „Ja" angekreuzt haben, war es ein Projekt, bei fünfmal oder weniger handelte es sich um eine Routinetätigkeit. Zwischen fünf- und siebenmal „Ja" heißt wahrscheinlich, dass Sie die Arbeit nicht genau definiert haben – oder eine sehr ungewöhnliche Routinetätigkeit ausgeführt haben.

PROJEKTE – EINE DEFINITION

Nachdem wir die typischen Merkmale eines Projektes etwas näher erläutert haben, können wir eine einfache und schlüssige Definition benutzen, die besagt, dass ein Projekt eine Abfolge von Aktivitäten ist, die miteinander im Zusammenhang stehen und in einem begrenzten Zeitraum durchgeführt werden müssen. Sie sollen ein einmaliges, aber zuvor definiertes Ergebnis erzielen.

Wenn man diese Definition auf die weiter oben in diesem Kapitel angeführten Beispiel-Projekte anwendet, stellt man fest, dass sie alles erfasst: Alle Projekte finden einmalig statt, bestehen aus im Zusammenhang stehenden Aktivitäten, haben Zielvorgaben und müssen innerhalb einer begrenzten Zeitspanne fertig gestellt werden.

Das bedeutet, dass ein Projekt beziehungsweise das Projektmanagement als Instrumente anzusehen sind, mit denen man jedes Ergebnis erzielen kann, das einzigartig ist oder einmalig stattfindet, festgelegt werden kann und innerhalb einer bestimmten Zeitspanne erzielt werden muss.

So kann man beispielsweise mithilfe eines Projekts eine Firma oder eine Abteilung restrukturieren und dadurch die Leistung eines Unternehmens verbessern; man kann neue Arbeitsweisen einführen und sich von alten trennen und die Art und Weise beeinflussen, wie Menschen über etwas denken oder wie sie sich dabei fühlen.

Projekte sind jedoch nur eines von vielen Instrumenten, die Manager benutzen; sie müssen nicht nur wissen, *wann* sie sie einsetzen, sondern auch – und das ist vielleicht noch viel wichtiger – *wie* sie sie benutzen. Dazu ist jedoch die Kenntniss der Schlüsselfaktoren von Projekten unerlässlich.

PROJEKTE – DIE SCHLÜSSELFAKTOREN

Viele Manager geraten in eine Sackgasse, wenn sie bei einem Projekt einzig das Ergebnis oder die Leistung im Auge haben. So könnte man zum Beispiel bei einem Projekt „Neugestaltung der Büroräume" nur bedenken, wie die Räume aussehen, wenn die Möbel umgestellt sind. Jedoch haben die Ergebnisse dieses und in der Tat aller Projekte auch noch andere Dimensionen. Man könnte beispielsweise fragen:

◆ Wie lange hat die Neugestaltung gedauert?
◆ Wie viel hat sie gekostet?
◆ Sind die Möbel dort aufgestellt worden, wo man sie haben wollte?
◆ Entspricht die Neugestaltung dem, was man sich vorgestellt hat?

Diese anderen Faktoren des Projekts können die Wirtschaftlichkeit und den Erfolg der Projektdurchführung maßgeblich beeinflussen. Schließlich müssen Sie, wann immer Sie ein Projekt festlegen, leiten, planen, überwachen und kontrollieren, alle vier im Zusammenhang stehenden Schlüsselfaktoren berücksichtigen. Traditionelles Projektmanagement hat sich jedoch nur auf drei Faktoren bezogen, nämlich auf das Ergebnis oder die Ausführung, auf die Zeit, die dafür eingeplant oder verwendet wurde, und die Kosten aller Mittel, die für das Projekt gebraucht wurden.

Am Ende des 20. Jahrhunderts jedoch macht sich der Einfluss der Dienstleistungsgesellschaft mit ihren Qualitätsstandards und ihrem Schwerpunkt auf Kundenzufriedenheit bemerkbar. Den drei traditionellen ist ein vierter, ergänzender Faktor hinzuzufügen: die Qualität des Projektergebnisses.

Ein Projekt, zum Beispiel der Bau eines Hauses, würde traditionellerweise lediglich anhand folgender Vorgaben definiert:

◆ **Ausführung** – Anzahl und Größe der Zimmer, Grundriss, Ausstattung, Größe (acht Zimmer, zwei Badezimmer, Fachwerk-Landhaus mit Innenhof, Swimmingpool und Grillplatz)
◆ **Kosten** – DM 600.000,-
◆ **Dauer** – muss am 1. Dezember 1999 bezugsfertig sein.

Der darüber hinausgehende vierte Faktor „Qualität" setzt das Projekt in Bezug zu den Bedürfnissen des Bauherren und wird in individuellen, persönlichen Faktoren ausgedrückt. Diese können objektiv („Ist das Bad groß genug für zwei Erwachsene?") und auch subjektiv („Hat das Haus eine gute Atmosphäre?") sein. Wer von Ihnen schon einmal ein Haus gesucht hat, wird wissen, wie wichtig der Einfluss dieses subjektiven Faktors auf die Entscheidungsfindung ist.

Die vier Faktoren – Zeit, Kosten, Ausführung und Qualität – sind die maßgeblichen Schlüsselfaktoren aller Projekte. Deswegen müssen sie zu Beginn des Projekts genau festgelegt, während der Durchführung des Projekts überwacht und zu jedem Zeitpunkt sorgfältig geleitet und kontrolliert werden. Tatsächlich sind sie so wichtig, dass man sagen kann: Wenn die vier Faktoren zu Beginn eines Projekts nicht genau bestimmt werden, wird das Projekt ein Misserfolg werden.

Diese Faktoren sind sowohl miteinander verbunden als auch voneinander abhängig, wie die folgende Grafik zeigt.

Abb. 2	Schlüsselfaktoren eines Projekts

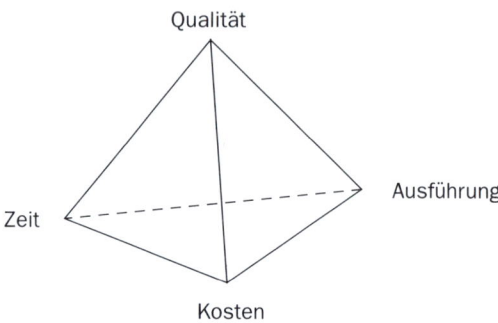

Ein Beispiel: Zeit, die zur Fertigstellung eines Projekts fehlt, kann entweder durch Überstunden – und somit zusätzliche Kosten – hereingeholt werden oder man nimmt eine Minderung der Leistung in Kauf, sodass das Ergebnis verändert wird. Wenn im Rahmen eines Projekts die Faktoren „Ausführung" und „Qualität" verbessert werden sollen, dann kann dies Auswirkungen haben auf „Zeit" und „Kosten".

DER LEBENSZYKLUS EINES PROJEKTS

Es ist offensichtlich, dass – wie klar die erwünschten Ergebnisse auch immer definiert sind – der Ablauf des Projektes, wie alle menschlichen Bemühungen, Veränderungen ausgesetzt ist. Projekte wachsen aus kleinen Anfängen, werden große und beeindruckende Vorhaben, die „reifen" und schließlich sterben. Dieses Urbild von Wachsen und Untergehen ist uns aus dem Lebenszyklus vieler organischer Systeme vertraut. Die Idee des Lebenszyklus taucht auch häufig in der Management-Literatur auf, und zwar in Beispielen aus dem Marketing, die die Umsatzveränderungen im Rahmen der Lebensdauer eines Produkts beschreiben, und in Beispielen aus der Qualitätskontrolle, die darstellen, wie sich die Zuverlässigkeit eines Produkts mit seinem Alter verändert. Dies kann auch auf Projekte übertragen werden. Die Phasen des Projekt-Lebenszyklus in seiner einfachsten Form sind:

◆ **Konzeption.** In dieser Phase wird das Projekt definiert, seine Durchführbarkeit geprüft und die Kosten werden geplant. Dazu gehört auch eine erste Definition der Ausführung und des Zeitrahmens. Schließlich wird das Projekt mit anderen Projekten und Leistungsvorgaben verglichen. Das Ende dieser Phase ist durch eine Entscheidung gekennzeichnet: das Projekt durchzuführen – oder nicht. Trifft man die Entscheidung für das Projekt, so führt sie zur nächsten Phase, trifft man sie dagegen, so bedeutet dies das Ende des Projekts. Viele Projekte werden in dieser Phase abgebrochen und Kapitel 3 beschreibt, wie diese Entscheidung getroffen werden kann.

◆ **Entstehung und Entwicklung.** In dieser Phase wird das Ergebnis des Projekts detailliert festgelegt und es werden Entscheidungen darüber getroffen, wer was wann tut. Ebenso werden Kosten- und Zeitpläne ausgearbeitet. Sowohl diese als auch die vorhergehende Phase sind durch eine relativ niedrige, gleichwohl wachsende Arbeitsintensität gekennzeichnet.

◆ **Durchführung.** Nun wird die geplante Arbeit ausgeführt. Es ist die Phase mit der größten Aktivität und deswegen sind sorgfältige Überwachung, Kontrolle und vorausschauendes Vorgehen nötig, das dem Projektleiter darüber Aufschluss gibt, was getan oder investiert wurde und was nicht, was hätte geschehen sollen und was zukünftig noch zu geschehen hat. Am Ende dieser Phase ist das Projekt abgeschlossen und das Ergebnis wird den Auftraggebern präsentiert.

◆ **Ausklang und Ende.** In dieser Phase ist die Arbeitsintensität geringer. Sie schließt einen Projektfortschrittsbericht und einen Rechenschaftsbericht über das Projekt ein. Sie wird mit der Auflösung des Projekt-Teams beendet.

Im Verlauf des Projekt-Lebenszyklus ändern sich sowohl die Aktivitäten als auch die Arbeitsintensität. Das bedeutet, dass der Arbeits- und Materialeinsatz in den jeweiligen Phasen unterschiedlich ist und innerhalb der einzelnen Phasen zu- und abnimmt. In den meisten Projekten beansprucht die Ausführungsphase auch die meisten Mittel, weil hier schließlich die Hauptarbeit zu leisten ist. In Grafik 4 auf Seite 24 ist dies dargestellt.

Abb. 3   Projektablauf

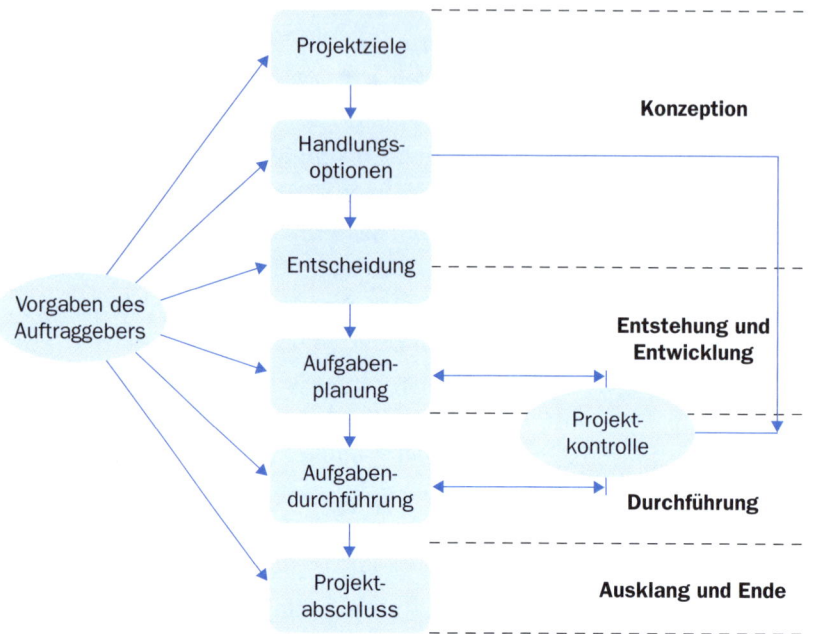

Abb. 4   Der Projekt-Lebenszyklus

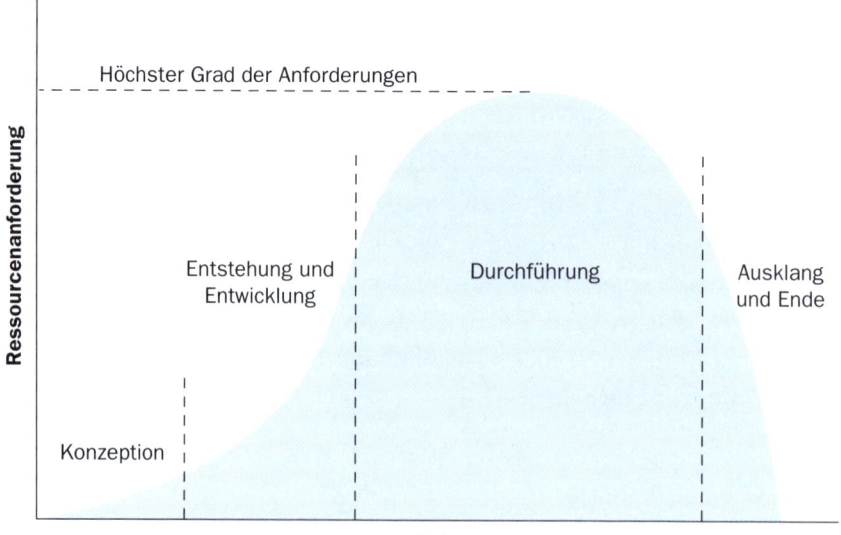

ZEIT, KOSTEN, AUSFÜHRUNG UND QUALITÄT

Es gibt noch einige feinere, aber genauso wichtige Veränderungen, die ein Projekt in seinem Ablauf von der Konzeption bis zum Abschluss prägen. Diese Veränderungen betreffen die relative Bedeutung der vier Faktoren eines Projekts: Zeit, Kosten, Ausführung und Qualität. In der Konzeptionsphase sind alle diese Faktoren von gleicher Wichtigkeit, aber wenn man in die Phase der Entstehung und Entwicklung kommt, liegt der Faktor „Zeit" weit vor dem Faktor „Ausführung", während die Faktoren „Kosten" und „Qualität" den dritten Platz belegen. Dies ist darauf zurückzuführen, dass die meisten Entscheidungen über Terminierung und Planung in dieser Phase getroffen werden müssen.

In der Durchführungsphase ist natürlich die Ausführung der wichtigste Faktor, aber am Ende dieser Phase haben alle vier Faktoren wieder die gleiche Bedeutung erreicht. Diese Rangfolge bleibt auch während der letzten Phase bestehen. Im Projektablauf beansprucht die Durchführungsphase den maximalen Einsatz der Ressourcen.

PROJEKTMANAGEMENT

Der Management-Prozess wird oft als ein Balanceakt angesehen, in dem der Manager sich bemüht, den miteinander im Konflikt stehenden Bedürfnissen u. a. des Unternehmens, des Auftraggebers und der Mitarbeiter gerecht zu werden. Der erfahrene Manager, der das Tagesgeschäft führt, wird die Faktoren Zeit, Ausführung, Qualität und Kosten gegeneinander abwägen, um diese Bedürfnisse zu befriedigen.

Wie wir gesehen haben, ist ein Projekt dadurch gekennzeichnet, dass für die Fertigstellung eine Zeitvorgabe existiert. Daraus folgt, dass der Spielraum des Projektleiters, Zeit gegen Geld, Ausführung oder Qualität auszutauschen, sehr viel begrenzter ist als der eines Managers im Tagesgeschäft.

Projektmanagement kann man deahalb auch als einen Umwandlungsprozess betrachten, in dem der ganze Projektablauf durch eine Vielzahl von Eingaben bestimmt wird:

◆ **Informationen** – über Zeitrahmen, Kosten, Ausführung, Qualität und den Auftraggeber,
◆ **Mitarbeiter** – mit ihren Fachkenntnissen, Bedürfnissen, Erfahrungen und Fähigkeiten,
◆ **Ressourcen** – Material, Geld und Zeit.

Abb. 5	Projekt-Input

Informationen ────▶
Mitarbeiter ────▶   Prozess des Projektmanagements ────▶ abgeschlossenes Projekt
Ressourcen ────▶

Im Verlauf dieses Prozesses spielt der Projektleiter eine Schlüsselrolle für den Erfolg. Wir werden diese Rolle in Kapitel 6 näher erläutern. Hier wollen wir festhalten, dass ein Projektleiter die Anforderungen sowohl des Auftraggebers, des Projekts und des Projektteams in Einklang bringen muss.

Dieser Balanceakt wird jedoch nicht in einem Vakuum ausgetragen. Die Entscheidung, ein Projekt durchzuführen, wird von den Bedürfnissen und Wünschen sowohl der Auftraggeber (Kapitel 3) als auch der Projektorganisation (Kapitel 4) beeinflusst. Mithilfe und Unterstützung werden dadurch mobilisiert, wie das Projekt organisiert (Kapitel 4), geplant (Kapitel 5) und geleitet wird (Kapitel 9).

Der Projektleiter hat auch sicherzustellen, dass das Projekt nicht abgebrochen werden muss, und zwar indem er Standpunkte, Konflikte und Rivalitäten ausgleicht, die leicht zu einer Aushöhlung der ursprünglich geplanten Projektergebnisse, der Kosten und des Zeitrahmens (Kapitel 11) führen können; darüber hinaus muss er die Probleme lösen, die im Laufe eines Projekts wie Pilze aus dem Boden schießen (Kapitel 10). Und schließlich wird von ihm verlangt, dass er als „Kopf" seines Teams dieses anleitet und motiviert, gerade weil die Mitglieder nur für die Dauer des Projekts dem Team angehören und vielleicht von anderen Abteilungen ausgeliehen sind.

Zu den Aufgaben des Projektleiters gehört auch, die Teammitglieder auszuwählen, um die erforderlichen Fachkompetenzen zu gewährleisten. Und am Ende des Projekts wird er diese Teammitglieder in andere Positionen versetzen (Kapitel 7 und 13). Die komplexe und oft konfliktbeladene Natur dieser Aufgaben, gepaart mit der Notwendigkeit, die meist beträchtlichen und sich ständig verändernden Ressourcenanforderungen (Kapitel 8 und 12) steuern zu können, erfordert von einem Projektleiter eine seltene Mischung von Fach- und Sozialkompetenz.

Schließlich muss das Projekt abgeschlossen werden, und zwar so, dass die gewonnenen Erfahrungen für andere Projekte zur Verfügung stehen (Kapitel 13).

ZUSAMMENFASSUNG

Ein Projekt ist eine Möglichkeit, Veränderungen herbeizuführen und als solches hat es die unterschiedlichsten Ergebnisse, die entweder materiell und/oder immateriell sind.

- Projekte können,
  - groß oder klein sein,
  - eine beliebige Anzahl von Menschen einschließen,
  - tage- oder jahrelang dauern.

- Alle Projekte
  - beziehen Menschen mit ein,
  - sind einmalig,
  - haben etwas mit Veränderungen zu tun,
  - haben festgelegte Ergebnisse und Fertigstellungstermine,
  - benutzen vorübergehend eine Vielfalt von Ressourcen.

- Ein Projekt kann als eine Abfolge von Aktivitäten definiert werden, die
  - im Zusammenhang stehen,
  - in einem begrenzten Zeitraum durchgeführt werden,
  - darauf abzielen ein einmaliges, aber klar festgelegtes Ergebnis zu erreichen.

- Alle Projekte haben einen Lebenszyklus mit folgenden Phasen:
  - Konzeption,
  - Entstehung und Entwicklung,
  - Durchführung,
  - Ausklang und Ende.

- Jede dieser Projektphasen hat eine unterschiedliche Arbeitsintensität und Ressourcenbedarf.

- Der erfolgreiche Projektleiter muss über eine seltene Mischung aus fachlicher und sozialer Kompetenz verfügen.

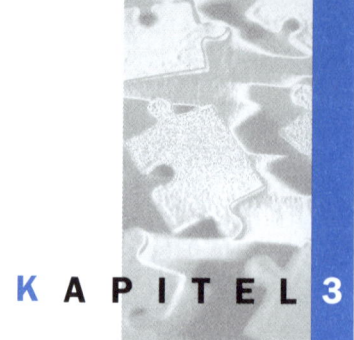

K A P I T E L 3

Projektwahl

ÜBERBLICK

Der erste Schritt im erfolgreichen Projektmanagement ist die Auswahl des „richtigen" Projekts. Die Wahl muss oft zwischen verschiedenen Projekten getroffen werden. Dieses Kapitel beschäftigt sich damit, wie diese Wahl getroffen werden kann und von welchen Faktoren sie beeinflusst wird.

ZIELE

Am Ende dieses Kapitels haben Sie ein besseres Verständnis für
– Risiko und Ungewissheit,
– den Zusammenhang von Unternehmen und Projektzielen,
– wann und wie quantitative Bewertungsverfahren einzusetzen sind,
– wann und wie nichtquantitative Bewertungsverfahren einzusetzen sind.

RISIKO UND UNGEWISSHEIT

Alle Projekte haben etwas mit Veränderungen zu tun und dieser Veränderungs-prozess bietet die Chance auf Erfolg und die Gefahr des Misserfolges. Erfolg-reiche Projekte beruhen nicht nur auf qualifizierter und effizienter Planung, Leitung und Kontrolle, sondern ebenso auf vorsichtiger, durchdachter und risiko-bewusster Auswahl. Die Risiken dabei liegen in unglücklichen Zufällen oder Gefahren, die auf Ungewissheiten an den Arbeitsplätzen zurückzuführen sind. Aber Ungewissheit wird wie Leben und Tod immer ein Bestandteil des Lebens sein und es wird uns niemals gelingen, sie aus der Welt zu schaffen. Es wird immer Alternativen geben, die nicht bedacht wurden, die man nicht voraussehen oder vorhersagen konnte, und die Menge oder die Qualität der Informationen, auf denen Entscheidungen basieren, wird begrenzt sein. Wenn beispielsweise ein neues Produkt auf den Markt gebracht werden soll, ist es ungewiss, ob es sich verkaufen wird oder nicht und man gefährdet die Investitionen in Maschinen, Material und Zeit, die zur Herstellung des Produkts nötig sind. Ähnlich verhält es sich, wenn wir unsere Arbeits- und Büroräume neu organisieren: Es ist ungewiss, ob die neue Gestaltung so effektiv sein wird wie die alte, und wir gefährden die Investition in Zeit, Arbeit und Geld für die Reorganisation. Risiko und Ungewissheit müssen jedoch nicht grundsätzlich etwas Negatives bedeuten. Sich den Ungewissheiten und Risiken zu stellen, denen andere ausweichen, kann sowohl aufregend als auch lohnend sein. Das neue Produkt kann ein Verkaufsschlager werden oder die neue Bürogestaltung kann den Kundenservice verbessern – aber sie werden niemals risikolos sein.

Als Definitionen wollen wir hier festhalten: Unter Ungewissheit verstehen wir die fehlenden Informationen über die Dauer, das Eintreten oder den Wert zukünftiger Ereignisse. Als Risiko bezeichnen wir den geschätzten Grad der Ungewissheit.

Für viele Menschen haben sich die Gefahren, denen sie in ihrem Alltagsleben begegnen, allmählich entwickelt. Diese Entwicklung vollzieht sich fast immer in kleinen Veränderungen, und dass wir den daraus folgenden Gefahren ausgesetzt sind, wird oft von den Gesetzen des Zufalls bestimmt. Ein klassisches Beispiel dafür bieten die Erfahrungen im Straßenverkehr. Die Gefahren, die damit verbunden sind, sind parallel zum erhöhten Verkehrsaufkommen und zur gestei-gerten Geschwindigkeit über die Jahre gewachsen. Der Einzelne versucht dieser stetig wachsenden Gefahr zu begegnen, indem er sich ihr im selben Maße anpasst, etwa mit defensiver Fahrweise oder durch die Änderung seiner Fahrzeiten. Ein

Projekt jedoch stellt keine Abfolge allmählicher Veränderungen dar – es ist eher mit Quantensprüngen zu vergleichen und von daher eher als Umwälzung denn als Entwicklung zu bezeichnen.

Projekte verkörpern beabsichtigte und ausgewählte schrittweise Veränderungen, und zwar in der Art, wie wir die Dinge erledigen und was wir mit ihnen machen.

Folglich wird die Risikohöhe ähnlichen schrittweisen Veränderungen unterliegen. Eine der wesentlichen Maßnahmen für den Projekterfolg besteht darin, sicherzustellen, dass diese Risikoveränderungen akzeptabel und tolerierbar sind. Um dies zu erreichen, müssen sie so genau wie möglich geschätzt werden, wodurch die Risiken jedoch nicht ausgeschaltet werden können. Wir müssen immer noch – da jedes Projekt auch einzigartig ist – diese Reise ins Unbekannte antreten. Aber andere haben diese Reise schon vor uns gemacht und wir werden uns ansehen, wie sie zum Erfolg kamen.

Solange wir Risiko und Ungewissheit aus den Projekten nicht fernhalten können, müssen wir, wenn wir erfolgreich sein wollen, ihren Einfluss auf die Projekte einschränken. Dazu sollten wir

◆ die Art, die Höhe und die Ursache des zu erwartenden Risikos herausfinden,
◆ die notwendigen Schritte unternehmen (wenn möglich), um dieses Risiko zu reduzieren oder auszuschalten,
◆ entscheiden, ob wir dieses Risiko akzeptieren oder nicht.

Diese drei Schritte sind Bestandteil der Projektbewertung und -auswahl. Sie werden oft zur Prüfung von Alternativprojekten angewendet, was dann die Entscheidung für oder gegen ein Projekt ermöglicht. Der erste Schritt zur Reduzierung des Risikos in den Projekten besteht darin, Art und Ursache des Risikos herauszufinden. Dabei kann eine Matrix helfen (siehe S. 31).

Diese Matrix besagt Folgendes: Wenn ein Projekt etwas enthält, was noch nie vorher oder noch nie auf diese Weise durchgeführt wurde, dann ist es mit einem hohen Risiko behaftet. Der Grund dafür liegt in der Ungewissheit, was den Erfolg des Projektes betrifft, wenn er denn erreicht wird. Wenn Sie in Ihren Projekten bewährte Methoden anwenden oder Ergebnisse anstreben, die auf die eine oder andere Art schon einmal erreicht wurden, dann reduzieren Sie das Risiko Ihrer Projekte. Wenn Sie ein Haus mit neuen High-Tech-Materialien wie Kohlenstoff-Fasern bauen wollen und mit dem Dach anstatt mit dem Fundament beginnen, dann haben Sie ein Projekt mit einem hohen Risiko. Wenn Sie jedoch konventionelle Materialien benutzen oder das Haus vom Fundament her bauen, verringert

Abb. 6	Die Risiko-Matrix

Projektergebnis

		Wurde schon durchgeführt	Wurde noch nicht durchgeführt
Veränderungsprozess des Projekts	**Wurde schon durchgeführt**	Niedriges Risiko	Mittleres Risiko
	Wurde noch nicht durchgeführt	Mittleres Risiko	Hohes Risiko

sich das Risiko. Tun Sie beides, dann haben Sie ein Projekt mit niedrigem Risiko. Genauso riskant ist es, wenn Sie die Effizienz Ihres Arbeitsteams steigern wollen, indem Sie gemeinschaftliche Meditationen während der Mittagspause abhalten oder allen auf einmal Urlaub geben. Diese Dinge können zwar funktionieren, aber sie enthalten auch das Risiko, dass im ungünstigsten Fall im Team schlechte Stimmung herrscht oder die Effizienz der Arbeit leidet.

RISIKOWAHRSCHEINLICHKEIT UND -FOLGEN

Wenn Sie die Ursachen und die Höhe des Risikos erkannt haben, sollten Sie die Konsequenzen näher betrachten. Viele Manager werden einwenden, dass man voher alle Fakten, Details und Auswirkungen des Risikos kennen muss. Das ist jedoch nicht immer so; also werden wir uns zunächst mit Wahrscheinlichkeit mit den möglichen Folgen des Risikos befassen.

Bei einer hohen Risikowahrscheinlichkeit müssen über dieses Risiko mehr Informationen eingeholt werden als bei einer niedrigeren. Jedoch wird sich dieses Bild ändern, wenn man die Konsequenzen des Risikos näher betrachtet. Beispielsweise wird das Risiko eines Ereignisses, das wahrscheinlich nur einmal in hundert Jahren auftritt, nicht viel Aufmerksamkeit verdienen. Wenn das Ereignis jedoch eintritt und den Tod von zwei Millionen Menschen zur Folge hat, dann wird es mit Sicherheit größte Beachtung finden. Diese Verbindung zwischen der Wahrscheinlichkeit des Risikos und seinen Konsequenzen, wenn es denn eintritt, ist äußerst wichtig. Sie bildet, selbst wenn man die Häufigkeit und die Konsequenz nur abschätzen kann, eine Basis für die Entscheidung, das Risiko zu reduzieren oder nicht. Ist die Risikowahrscheinlichkeit hoch und sind die Konsequenzen daraus beträchtlich, dann sind mehr Informationen nötig, um das Risiko näher zu definieren. Wenn nicht, können wir aufgrund der vorhandenen Informationen eine Entscheidung über die Strategie treffen oder das Risiko ignorieren, bis entweder die Wahrscheinlichkeit des Eintretens ansteigt oder größere Konsequenzen zu erwarten sind.

Wenn Sie mehr Informationen über das Risiko erhalten wollen, müssen Sie folgende Fragen beantworten:

◆ Wie viele Informationen haben Sie?
◆ Wie viele Informationen können Sie noch in Erfahrung bringen und zu welchem Preis?

Der Umfang und die Ergebnisse dieser Informationsbeschaffung sollten einerseits den voraussichtlichen Wert der Ergebnisse widerspiegeln: Warum sollte man mehr Geld für Informationsbeschaffung ausgeben, als hinterher an Gewinn wieder hereinkommt? Und andererseits die Qualität und Genauigkeit der Informationen: Warum sollte man Geld und Zeit für minderwertige Informationen ausgeben?

RISIKOREDUZIERUNG

Der nächste Schritt bei der Auswahl eines Projektes besteht in dem Versuch, das Risiko zu senken. Wie Sie schon gesehen haben, enthalten unerprobte Ansätze, mit denen ein neuartiges Ergebnis erzielt werden soll, ein hohes Risiko. Ebenso wurde angesprochen, dass man das Risiko reduzieren kann, indem man einen erprobten Veränderungsprozess anwendet und/oder ein bewährtes Projektergebnis verfolgt. Aber das ist nicht immer möglich und bei einigen Projekten ist es erforderlich, Grenzen der Technologie oder bereits gemachte Erfahrungen außer Acht lassen. Neue und unerprobte Prozesse sind nötig, um die Marktführerschaft zu erlangen oder zu bewahren, und neue Verfahrensweisen müssen ausprobiert werden, weil die alten entweder nicht funktionieren oder nicht die gewünschten Ergebnisse produzieren.

CHECKLISTE: RISIKO

1. Projektergebnis

Besteht es aus einem neuen Produkt oder einer
neuen Dienstleistung?   Ja ☐   Nein ☐

Setzt es neue und unerprobte Techniken ein?   Ja ☐   Nein ☐

Setzt es neue und unerprobte Technologien ein?   Ja ☐   Nein ☐

Enthält es Punkte, die nicht unbedingt erforder-
lich sind?   Ja ☐   Nein ☐

Ist das Projektergebnis

– komplex und/oder anspruchsvoll?   Ja ☐   Nein ☐

– wahrscheinlich nur für eine Minderheit der
  Benutzer attraktiv?   Ja ☐   Nein ☐

2. Veränderungsprozess des Projektes

Werden frühere und erfolgreiche Erfahrungen
ignoriert?   Ja ☐   Nein ☐

Gibt es die Fähigkeit, mit Veränderungen und uner-
warteten Risiken erfolgreich fertig zu werden?   Ja ☐   Nein ☐

Erfordert er eine ungewöhnliche Ausrüstung?   Ja ☐   Nein ☐

Wird eine neue und unerprobte Kombination von
Ausrüstungsgegenständen eingesetzt?   Ja ☐   Nein ☐

Fürchten Sie sich vor dem nächsten Schritt?   Ja ☐   Nein ☐

Auflösung: Wenn Sie mehr als viermal Ja angekreuzt haben, haben Sie
ein Projekt mit mittlerem Risiko. Wenn Sie mehr als sechsmal Ja angekreuzt haben, haben Sie ein Projekt mit hohem Risiko.

Ein Projektrisiko kann auch mithilfe einer Durchführbarkeitsstudie verringert werden. Diese wird in der Regel von kleinen, multidisziplinären Teams aus zwei oder drei Leuten vorgenommen und liefert Antworten auf Fragen wie: Wie lange wird das Projekt wirklich dauern? Ist es überhaupt möglich? Wie viel wird es kosten?

Eine gute Durchführbarkeitsstudie siebt schlechte oder fehlerhafte Ideen aus, identifiziert Sackgassen und liefert eine klare Einschätzung des Risikos sowie der Vor- und Nachteile, ergänzt durch Empfehlungen für den nächsten Schritt. Dieser kann in einer weiteren Beurteilung der immanenten Risiken und im Gebrauch von Prototypen und/oder Versuchen bestehen. Ein Prototyp stellt normalerweise den ersten Versuch dar, das Projektergebnis zu erzielen, während ein Versuch Benutzern das voraussichtliche Projektergebnis oder den Projekt-Prozess präsentieren will. Beispielsweise kann ein Projekt zum Bau eines Staudamms die Verwendung von Betonbausteinen erfordern. Das Risiko der Produktion dieser Komponenten lässt sich durch den Test eines Prototyps der Produktionslinie abschätzen, dessen Produkte schon eine Testphase durchlaufen haben. Ähnlich verhält es sich mit einem Projekt zur Umstrukturierung eines Informationssystems über Studenten, das heißt, Entwicklung eines Prototyps für das Datenerfassungsformular und seinen Probelauf in einem Programm oder Kurs. Obwohl Prototypen und Versuchsdurchläufe Geld kosten, können sie immer noch billiger sein als der Verlust infolge eines Fehlers, der hätte vermieden werden können.

*P*ROJEKTBEWERTUNGSVERFAHREN

Wenn Sie die Ursache und die Höhe des Risikos festgestellt haben und versucht haben, das Risiko zu reduzieren, müssen Sie entscheiden, ob das Risiko und die Konsequenzen akzeptabel sind. Es gibt sowohl quantitative als auch nichtquantitative Projektbewertungs- und auswahlverfahren. Sie sind so vielseitig, dass sie in den verschiedensten Situationen angewendet werden können. Man kann zum Beispiel ein Projekt auf der Grundlage der Payback-Periode auswählen, innerhalb der das aufgenommene Startkapital wieder zurückgezahlt werden kann, oder auch indem man komplizierte Berechnungsverfahren (wie zum Beispiel die Kapitalwertmethode) benutzt. Nichtquantitative Verfahren erlauben es, unsere persönlichen Präferenzen in den Entscheidungsprozess einzubringen, zum Beispiel welcher Waschmaschinentyp oder welche Ausführung des Lieferwagens für einen Kleinbetrieb angeschafft werden soll, in welches Forschungsprojekt man investieren soll, welcher Standort für eine neue Fabrik günstig erscheint. In all diesen Fällen wird jede Wahl unterschiedliche Kosten sowie Vor- und Nachteile aufweisen, die sich kaum mit absoluter Sicherheit vorhersagen lassen.

Dabei unterliegen die Faktoren, die sich auf Projekt und Projektauswahl auswirken, durchaus nicht nur projektinternen Gegebenheiten. Äußere Einflüsse wie Gesetzgebung, Zinssätze, das Verhalten von Konkurrenten und die Beziehungen zwischen Arbeitgebern und Arbeitnehmern können in diesem Auswahlprozess auch eine wichtige Rolle spielen. Die wohlerwogene Auswahl eines Projektes ist also die wichtigste Voraussetzung für seinen Erfolg.

*W*IE WÄHLEN WIR AUS?

Die Methoden, mit denen Projekte bewertet und ausgewählt werden, können quantitative oder nichtquantitative sein. Für welche Technik man sich auch immer entscheidet, sie muss folgende Bedingungen erfüllen:

◆ leicht anwendbar sein,
◆ kostengünstig im Vergleich zu den Kosten des Projekts sein,
◆ flexibel sein und auf Veränderungen reagieren können,
◆ in der Anwendung folgerichtig sein,

◆ Ergebnisse produzieren, die verständlich und akzeptabel sind,
◆ realistisch sein sowohl in Bezug auf die erforderlichen Input-Daten als auch auf die Art ihrer Anwendung.

Um zum Erfolg eines Projekts beitragen zu können, müssen diese Bewertungsverfahren eine Auswahl ermöglichen, die ohne Einschränkung zum Wohlergehen und Überleben des Unternehmens beiträgt. Für gewinnorientierte Unternehmen wird dies durch die Rendite, die Wettbewerbsposition und den effizienten Einsatz der Ressourcen gemessen.

Viele Nonprofit-Organisationen sind jedoch zunehmend gezwungen, sich selbst zu finanzieren oder die knappen Ressourcen zu maximieren. Wenn deren Projekte Erfolg haben sollen, müssen sie folgende Anforderungen erfüllen:

◆ effektive Zuordnung der knappen oder teuren Ressourcen wie Kapital oder Personal,
◆ Sicherstellung, dass diese Ressourcen in den Aktivitäten des Unternehmens wirtschaftlich und erfolgreich eingesetzt werden.

ZIELE – PROJEKT UND UNTERNEHMEN

Ungeachtet der Zielsetzung von Projekten müssen sie, wenn sie erfolgreich sein sollen, mit den grundsätzlichen Zielen des Unternehmens und mit denen anderer Projekte vereinbar sein. Die Unternehmensziele sind häufig in eine Unternehmensstrategie eingebettet. Sie beziehen sich auf das Unternehmen als Ganzes und weniger auf die einzelnen Abteilungen sowie auf eher langfristige als mittel- oder kurzfristige Ziele und betreffen das gesamte Spektrum der Unternehmensaktivitäten.

Wenn Projekte mit diesen strategischen Zielen nicht vereinbar sind, sollten sie verworfen werden. Diese Falle lässt sich umgehen, indem man eine Zielhierarchie entwickelt. Sie besteht aus einem Diagramm von miteinander verbundenen und erwünschten Zielen. So können Konflikte zwischen Unternehmenszielen und denen des Projekts schnell identifiziert werden, ebenso wie Konflikte zwischen einzelnen Projekten.

In Abbildung 7 sehen Sie am Beispiel einer weiterführenden Schule eine Zielhierarchie mit ausgewählten Teilprojekten.

Abb. 7	Hierarchie von Zielen

Auch Checklisten mit Projektzielen sind dazu geeignet, die Kompatibilität zwischen Unternehmenszielen und einzelnen Projekten sicherzustellen, denn mit ihrer Hilfe kann der Projektleiter die jeweiligen Zielsetzungen gegeneinander abwägen. Die Checkliste eines Unternehmens, dessen Hauptziel die Erhöhung der Rendite ist, enthält zum Beispiel folgende Punkte:

◆ Zeitraum für die Rückzahlung der Projektkosten (Payback-Periode),
◆ benötigtes Kapital,
◆ Projektrentabilität,

- finanzielles Risiko,
- Kapitalwert des Projekts.

Die Checkliste eines anderen Unternehmens, das nach Alternativen für den Ersatz des zwar bewährten, aber überholten Produktionsprozesses sucht, kann folgende Punkte enthalten:

- technisches Risiko, das mit dem neuen Prozess verbunden ist,
- Auswirkung auf die Produktqualität,
- Auswirkung auf das Image des Unternehmens,
- Auswirkungen der Beibehaltung des bestehenden Prozesses auf Marktposition und Produktqualität.

Nicht alle Projekte drehen sich darum, alte Dinge durch neue zu ersetzen, oft geht es auch um die Verbesserung interner Abläufe. Wie Sie in Kapitel 1 gesehen haben, kann es sich dabei etwa um Verhalten, Stimmung, Motivation der Mitarbeiter oder die Unternehmensstruktur selbst handeln. Die Projektziel-Checkliste für solche und ähnliche Projekte hat viel mit den oben genannten Aspekten gemeinsam, konzentriert sich jedoch auf folgende Punkte:

- den Beitrag eines Projekts zur kontinuierlichen Leistungssteigerung eines Unternehmens,
- den Beitrag zur Kompatibilität mit anderen unternehmensweiten Programmen wie Total Quality Management, Zertifizierung nach DIN ISO 9000 ff. (EN 29000 ff.) oder Betriebsvereinbarungen zur Kundenbehandlung

Ganz gleich, welche Methode angewendet wird, die Ziele dieser Projekte müssen mit den Hauptzielen des Unternehmens und denen anderer Projekte vereinbar sein, wenn sie erfolgreich sein sollen.

AUSWAHL DES PROJEKTS

Die Auswahl des Projekts erfordert eine formale Entscheidung, die häufig Investitionen bedingt und Risiken beinhaltet. Diese Entscheidung wird oft vom Geschäftsführer oder einer Gruppe von Geschäftsführern getroffen. In Großunternehmen ist dies der so genannte Investitionsausschuss, der das oft knappe Kapital kontrolliert und zuteilt. In kleineren Unternehmen oder in Abteilungen von Großunternehmen obliegt diese Entscheidung einzelnen Personen wie dem Firmeneigentümer, dem Geschäftsführer oder einem Abteilungsleiter. Die Verfügbarkeit des benötigten Kapitals wird entscheidend beeinflusst von zahlreichen Faktoren wie Zinssätzen, Gewinnspannen oder Marktschwankungen, die sich zum Teil dem Einfluss der Unternehmen entziehen. Noch komplizierter wird der Sachverhalt, wenn bestimmte Projekte das Ergebnis strategischer Unternehmensentscheidungen sind, andere wurden nicht geplant und verdanken ihre Existenz externen Ereignissen, die den Rahmen des Unternehmens sprengen. Dies hat zur Folge, dass die Kapitalbereitstellung von der strikten Zuteilung eines bestimmten Betrags bis zur Verfügbarkeit unbegrenzter Mittel reichen kann, wobei alle Projekte finanziert werden, deren Grenzertrag gleich den Grenzkosten ist. Die Entscheidungsträger sehen sich jedoch fast immer Kapitalanforderungen gegenüber, die die verfügbaren Mittel übersteigen; vor diesem Hintergrund ist die Wahl für bestimmte Projekte zu treffen. Das kann auf verschiedene Weise geschehen, wie Sie im Folgenden sehen werden. Auf jeden Fall muss gewährleistet sein, dass die ausgewählten Projekte

◆ einen Beitrag zum Wohlergehen und zum Überleben des Unternehmens leisten,
◆ keine vorhersehbaren unangemessenen Risiken beinhalten und
◆ Ziele verfolgen, die mit denen des Unternehmens übereinstimmen.

NICHTQUANTITATIVE BEWERTUNGSVERFAHREN

Es kann vorkommen, dass Projekte anstehen, ohne dass ausreichende Informationen vorliegen, beispielsweise wenn auf bestimmte Umstände schnell reagiert werden muss oder wenn die Informationsbeschaffung zu viel kosten würde. Dennoch muss das Projekt beurteilt werden, was aber nur nach subjektiven, nicht nach objektiven Gesichtspunkten möglich ist. Beispiele dafür finden Sie im Folgenden.

■ Betriebsstörungen

Diese Art von Projekt ergibt sich zum Beispiel in einer Katastrophensituation, wenn Sturm, Hochwasser, Erdbeben oder Unwetter drohen. Es sind Bretter zu kaufen, um Schaufenster gegen Windbruch zu sichern, oder Schutzwälle zu bauen, um die Fabrik vor Überflutung zu schützen. Beugt man nicht vor, dann läuft man Gefahr, dass Waren nicht mehr verkauft, Güter nicht mehr hergestellt werden können. Unter diesen Umständen ist eine formale Projektbewertung nicht nur unmöglich, sondern auch irrelevant.

Wenn ungeachtet dieser Vorsichtsmaßnahmen einem Büro, einem Laden oder einer Fabrik ein Schaden entsteht, ergibt sich eine ganz ähnliche Situation – der Schaden muss behoben werden, will man im Geschäft bleiben. Wieder ist der Einsatz einer formalen Projektbewertung nicht möglich. Die Aufgabe des Projektmanagements für diese Art von Projekten verlagert sich von der Kosten-planung zur Kontrolle der benötigten Mittel. Die einzige Ausnahme ergibt sich dann, wenn die Kosten für die Prävention oder für die Schadenbeseitigung den Wert des Ladens oder den der Fabrik übersteigen.

■ Gesetzliche Bestimmungen

Die gesetzlichen Bestimmungen, die die Führung von Unternehmen regeln, ändern sich häufig. Daher müssen sich die Unternehmen anpassen. Während die Kosten der Projekte, die sich aus diesen Veränderungen ergeben, vielleicht geschätzt werden können, unterliegt die Ausführung meist nicht unserem Einfluss. Auch hier verschieben sich die Aufgaben des Projektmanagements von der Planung der Kosten und Ergebnisse zur bloßen Kontrolle der benötigten Mittel. Beispiele dafür sind Bestimmungen für Abgase oder Abwässer oder die behin-dertengerechte Ausstattung von Büros.

■ Betriebliche Sozialleistungen

Bei dieser Art von Projekten handelt es sich im Allgemeinen um die Einrichtung von Personalkantinen, Restaurants, Sportplätzen oder Parkplätzen oder um die bessere Ausgestaltung von vorhandenen Einrichtungen. Solche Projekte sind häufig mit Investitionen verbunden und erfordern schon deswegen gründliche Überlegungen. Zwar spiegeln sie die Unternehmenspolitik wider, aber sie werfen selten, wenn überhaupt, finanziellen Gewinn ab.

Status- oder Macht-Projekte

Manche Manager nutzen ihre Macht um „Lieblingsprojekte" zu forcieren. Die Gründe dafür sind unterschiedlich. In großen Unternehmen besetzen Manager eine Position oft nur für eine bestimmte Zeit und ihre Leistungen während dieser Zeit sind für eine Beförderung ausschlaggebend. Das mag die Ursache dafür sein, warum häufig Projekte begünstigt werden, die sehr schnell sichtbare Erfolge zeigen, und zwar auf Kosten langfristiger, strategischer Konzepte. Andere Beispiele, wie der formale Entscheidungsprozess umgangen werden kann, zeugen jedoch von Gespür und Einfühlungsvermögen erfahrener und einflussreicher Manager bzw. von den Fähigkeiten einzelner starker Persönlichkeiten.

Wettbewerbsvorteil

Das wirtschaftliche Umfeld der 1990er Jahre ist von Unbeständigkeit und intensivem Wettbewerb gekennzeichnet. Ein Unternehmen, das in der Lage ist, gegenüber seinen Konkurrenten einen Wettbewerbsvorteil aufrecht zu erhalten, kann seinen Gewinn verbessern. Unter diesen Umständen genehmigt ein Unternehmen vielleicht ein Projekt ohne den üblichen Beurteilungsprozess, um Zeit zu sparen und den Markt als Erster zu besetzen; außerdem verringert sich das Risiko, dass Informationen an die Konkurrenz gelangen.

Nutzwertanalyse

Mit dieser häufig angewandten Technik, die auch Punktwertverfahren oder Multifaktorentechnik genannt wird, wird eine Gruppe von ähnlichen Projekten nach bestimmten Kriterien in eine Rangfolge gebracht. Das Projekt mit der höchsten Gesamtpunktzahl wird realisiert. Diese Kriterien bezeichnen zwar die Eigenart des einzelnen Projekts, müssen aber für alle anderen Projekte ebenso zutreffen.

Beispiel: Wenn eine kleine Firma einen Lieferwagen anschafft, dann wird die Entscheidung für den Wagentyp sich danach richten, welche Anforderungen er zu erfüllen hat. Die Kriterien sind also: Finanzierungskosten, laufende Betriebs- und Versicherungskosten, Rangierbarkeit, Zuladekapazität, einfache Handhabung von Be- und Entladung sowie Kraftstoffverbrauch. Daraus könnte sich eine Liste wie in Abbildung 8 gezeigt ergeben, wobei Rang 1 die beste, Rang 3 die schlechteste Bewertung bezeichnet. In diesem Fall fiele die Wahl, trotz der hohen Betriebskosten und der schwierigen Be- und Entladung, auf Alternative A.

| Abb. 8 | Nutzwertanalyse |

Beurteilungskriterien	Alternativen		
	A	B	C
Finanzierungskosten	1	2	3
Laufende Betriebskosten	3	1	2
Versicherungskosten	2	3	1
Rangierbarkeit	1	3	2
Zuladekapazität	1	2	3
Be-/Entladefähigkeit	3	1	2
Kraftstoffkosten	1	3	2
Gesamt	12	15	15

Die Analyse

◆ kann leicht angewendet werden,
◆ erfordert eine relative Abstufung (besser – schlechter), keine pauschale Beurteilung,
◆ kann schnell vorgenommen werden.

Die Technik lässt sich durch die Einbeziehung von Gewichtungsfaktoren, die den relativen Stellenwert der einzelnen Kriterien erfassen, erheblich verbessern.

QUANTITATIVE BEWERTUNGS-VERFAHREN

Die meisten Projekte bedürfen einer sehr viel sorgfältigeren und genaueren Auswahl, was ihre Beschaffenheit, ihr Risiko und ihre Auswirkungen betrifft. Dies geschieht anhand von quantitativen Bewertungsverfahren. Im Folgenden finden Sie Beispiele dafür.

Amortisationsrechnung

Die Bewertung eines Projekts richtet sich nach der Amortisationsdauer (oder Payback-Periode). Darunter versteht man die Zeit, die vergeht, bis die Anfangsauszahlung im Rahmen eines Projekts durch die Einzahlungsüberschüsse der Investition amortisiert worden ist. Ein Projekt beispielsweise, dessen Implementierung DM 10.000 kostet, könnte einen jährlichen Cashflow von DM 2.500 einbringen. Die Amortisationszeit für dieses Projekt beträgt:

$$\frac{\text{Implementierungskosten}}{\text{Jährlicher Cashflow}} = \frac{\text{DM } 10.000}{\text{DM } \;\; 2.500} = 4 \text{ Jahre}$$

Bei einem Vergleich der Projekte wird man das Projekt mit der kürzesten Rückzahlungszeit wählen. Diese Methode setzt voraus, dass

◆ Cashflows nach der Rückzahlungsperiode unbeachtlich sind, obwohl Maschinen zum Beispiel einen Schrottwert haben und am Ende ihrer Lebensdauer steigende Betriebs- und Instandhaltungskosten verursachen,
◆ keine Inflation vorliegt.

Diese Methode kann eingesetzt werden, um kostengünstige Projekte einzuschätzen, für die sich der Aufwand der komplizierteren Verfahren nicht lohnt.

Rentabilitätsrechnung

Die Rendite eines Projektes kann ermittelt werden, wenn man den jährlichen Gewinn durch die Durchführungskosten teilt. Nimmt man bei dem oben genannten Projekt an, dass der Cashflow dem Gewinn entspricht, so ergibt das eine Rendite von:

$$\frac{\text{Jährlicher Gewinn}}{\text{Durchführungskosten x } 100} = \frac{2.500}{10.000 \text{ x } 100} = 25\%$$

Wenn diese Methode angewendet wird, um eine Anzahl von Projekten miteinander zu vergleichen, sollte das Projekt mit der höchsten Rendite gewählt werden. Diese Methode ist zwar einfach und leicht anzuwenden, sie hat jedoch einige signifikante Restriktionen. Beispielsweise

◆ setzt sie voraus, dass keine Inflation vorliegt,
◆ kalkuliert sie eine durchschnittliche Rendite für den betrachteten Zeitraum,

◆ solange der betrachtete Zeitraum nicht das Ende der Lebensdauer der Investition berücksichtigt, ignoriert diese Methode, dass die Anlage einen Schrottwert hat und am Ende der Lebensdauer die Betriebs- und Instandhaltungskosten steigen können.

Letzteres kann durch den Einsatz spezieller Methoden vermieden werden, die die Wertveränderung der Anlagen berücksichtigen und den Kapitalwert sowie die Rendite für jedes Jahr berechnen. Allerdings ignoriert man hierbei die Inflation.

■ Kapitalwertmethode

Diese Methode der Projektbewertung ignoriert Faktoren wie den sich verändernden Wert von Waren und Maschinen und konzentriert sich auf die Berücksichtigung der Inflation. Unter dem Kapital- oder Barwert eines Projekts versteht man die Summe aller über seine Nutzungsdauer anfallenden, auf einen Zeitpunkt abgezinsten Ein- und Auszahlungen.

Folgende Gleichung wird dafür aufgestellt:
Gegenwärtiger Wert = zukünftiger Wert $: (1 + r)^n$,
wobei n = Anzahl der Jahre und
r = angenommener Zinssatz oder Kapitalkosten ist.

Dies bedeutet, dass bei einem angenommenen Zinssatz von 10% ein Projekt mit Durchführungskosten von DM 400 und folgenden geplanten Gewinnen

Jahr	1	2	3	4
Jährlicher Gewinn in DM	120	150	140	160

folgenden Kapitalwert haben wird:

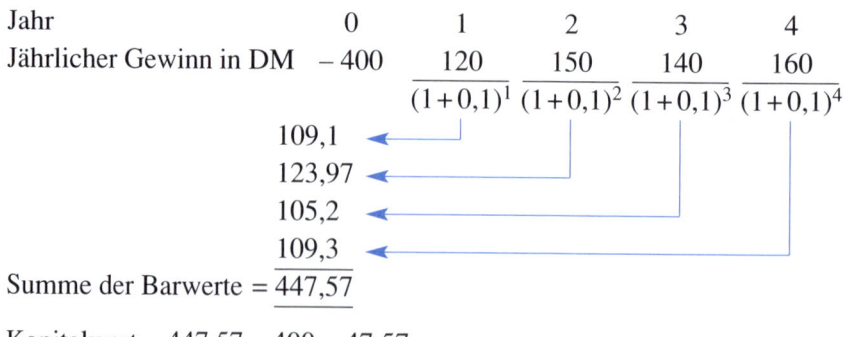

Jahr	0	1	2	3	4
Jährlicher Gewinn in DM	-400	$\dfrac{120}{(1+0,1)^1}$	$\dfrac{150}{(1+0,1)^2}$	$\dfrac{140}{(1+0,1)^3}$	$\dfrac{160}{(1+0,1)^4}$

109,1
123,97
105,2
109,3

Summe der Barwerte = $\overline{447,57}$

Kapitalwert = 447,57 − 400 = 47,57

Diese Methode bezieht alle zukünftigen Cashflows auf den Wert zum Zeitpunkt der Entscheidung. Ist der Wert der Summe dieser abgezinsten zukünftigen Cashflows höher als die Durchführungskosten, wird sich der Wert des Unternehmens erhöhen und das Projekt lohnt sich. Je größer die Differenz, umso mehr lohnt sich das Projekt. Liegt der Wert der Summe der abgezinsten zukünftigen Cashflows niedriger als die Durchführungskosten, wird das Projekt den Wert des Unternehmens mindern und sollte nicht durchgeführt werden.

Rendite-Index

Der Quotient aus der Summe der Barwerte und dem für die Projektdurchführung benötigten Kapital wird Rendite-Index genannt. Damit ein Projekt akzeptabel ist, muss dieser Index höher als 1 sein, und je höher er ist, desto mehr Chancen hat das Projekt. Für unser Beispiel würde der Rendite-Index folgendermaßen aussehen: 447,57/400 = 1,119

Methode des internen Zinsfußes

Diese Methode der Projektbewertung wendet die Berechnungsmethoden an, die wir im Rahmen der Berechnung des Kapitalwertes eingesetzt haben (unter

 **Abb. 9**   **Der interne Zinsfuß**

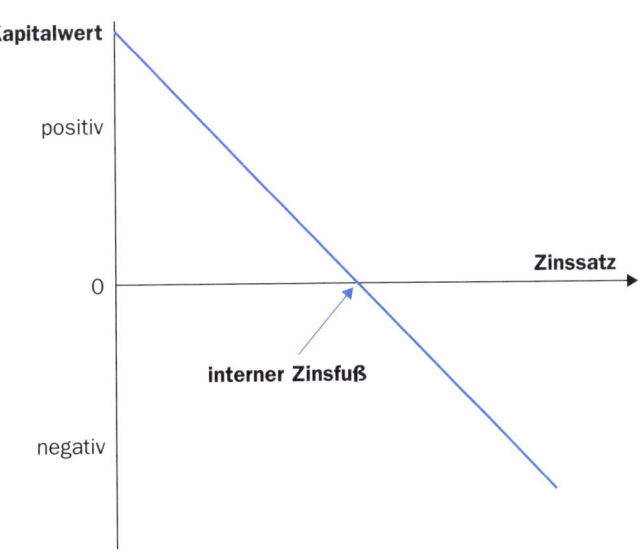

Berücksichtigung der Inflation), konzentriert sich jedoch auf die Rendite und weniger auf den Kapitalwert. Auf der Grundlage verschiedener Zinssätze werden die entsprechenden Kapitalwerte errechnet und in eine Grafik gezeichnet.

Den Zinssatz, zu dem der Kapitalwert bei Null liegt, bezeichnet man als den internen Zinsfuß. Je höher diese Zahl ist, desto besser ist das Projekt. Die Entscheidung für ein Projekt basiert auf dem Wert dieses internen Zinsfußes. Wenn dieser die Kapitalkosten übersteigt, ist das Projekt akzeptabel. Liegt er jedoch darunter, sollte das Projekt abgelehnt werden.

■ Sensitivitätsanalyse und Simulation

Beide Methoden versuchen herauszufinden, was mit dem Kapitalwert eines Projekts geschieht, wenn die Berechnungsannahmen verändert werden. Diese komplexen Verfahren werden im Allgemeinen bei Projekten mit hohem Risiko oder sehr hohen Projektkosten angewendet.

ZUSAMMENFASSUNG

■ Die Auswahl des „richtigen" Projekts ist der erste Schritt zum erfolgreichen Projektmanagement.

■ Alle Projekte bergen Ungewissheiten und Risiken.

■ Risiko und Ungewissheiten können nicht ausgeschaltet, aber verringert werden, indem man
  – die Art, die Höhe und die Ursache der vorhersehbaren Risiken feststellt,
  – notwendige Maßnahmen ergreift (wenn möglich), um diese Risiken zu reduzieren oder auszuschalten,
  – entscheidet, ob man diese Risiken akzeptiert oder nicht.

■ Das ausgewählte Projekt
  – trägt zum Wohlergehen des Unternehmens bei,
  – verfolgt Ziele, die mit denen des Unternehmens und mit denen anderer Projekte des Unternehmens vereinbar sind.

■ Projekte können mithilfe quantitativer oder nichtquantitativer Bewertungsverfahren ausgewählt werden.

■ Projekte können ausgewählt werden aufgrund
  – ihrer Fähigkeit, auf folgende Faktoren zu reagieren:
    a. auf Krisensituationen;
    b. auf gesetzliche Bestimmungen;
    c. auf die sozialen Bedürfnisse der Arbeitnehmer;
    d. auf die Machtpositionen und Statusbedürfnisse von Managern;
    e. auf die Wettbewerbssituation des Unternehmens
  – des Nutz- oder Punktwertes,
  – der Amortisationsdauer,
  – der Rendite,
  – des Kapitalwerts,
  – des internen Zinsfußes.

Projektorganisation

ÜBERBLICK

Die Organisation, Struktur und Leitung erfolgreicher Projekte
gewährleistet die Befriedigung der Bedürfnisse aller Beteiligten.
Dieses Kapitel beschäftigt sich damit, wie Projekte organisiert
werden können, und mit dem Einfluss, den zahlreiche Schlüsselfaktoren auf die Art der Organisation haben können.

ZIELE

Am Ende dieses Kapitels haben Sie ein besseres Verständnis für
– die Konflikte zwischen den Bedürfnissen des Auftraggebers, des
  Projekts und des Projektteams
– Unternehmen und deren Projekte,
– die Art, wie Projekte organisiert werden können,
– den Einfluss von Faktoren wie
  – Auftraggeber,
  – Dauer des Projekts,
  – Art der Projektergebnisse,
– die Notwendigkeit, den Projektauftrag und Verantwortlichkeiten
  festzulegen, eine Projektabrechnung sowie die Änderung des
  Projektauftrags zu kontrollieren.

*I*NTERESSENKONFLIKTE

Wie Sie im vorhergehenden Kapitel gesehen haben, sind erfolgreiche Projekte durch folgende Punkte gekennzeichnet:

◆ Sie leisten einen Beitrag zum Wohlergehen und zum Überleben des betreffenden Unternehmens,
◆ sie beinhalten keine vorhersehbaren unangemessenen Risiken und
◆ sie verfolgen Ziele, die mit denen des Unternehmens kompatibel sind.

Erfolgreiche Projekte müssen jedoch so organisiert, strukturiert und geleitet werden, dass sie den oft gegensätzlichen Bedürfnissen des Auftraggebers, des Projekts und des Projektteams Rechnung tragen.

Die Auswirkungen dieser Konflikte sind oft erheblich und können das Erfolgspotenzial eines Projektes beträchtlich schmälern. Beispielsweise will der Auftraggeber sichergestellt wissen, dass das Projekt sein Geld wert ist und einen angemessenen Gewinn im Verhältnis zu den entstandenen Kosten verspricht und auftragsgemäß ausgeführt wird.

Zur Erfüllung dieser Ansprüche kann der Auftraggeber auf folgenden Forderungen bestehen:

◆ maßgeblicher Mitwirkung bei allen Projektentscheidungen – selbst solchen, die lediglich Details betreffen,
◆ der Möglichkeit, Projektziele bei Bedarf zu verändern oder anzupassen,
◆ einem Projektteam, das aus Mitgliedern besteht, die dem Unternehmen des Auftraggebers verbunden sind.

Im Gegensatz hierzu hat das Projektteam folgende Wünsche:

◆ die dauernde Anwesenheit eines Projektleiters, der absolute Weisungsbefugnis in allen Projektangelegenhheiten hat,
◆ Mitglieder, die nur dem Projektleiter direkt Rechenschaft schuldig sind,
◆ die Freiheit, Entscheidungen ohne Einmischung von außen zu treffen,
◆ eine klare Identität, die vom Auftrag gebenden Unternehmen unabhängig ist.

Dieser offensichtliche Konflikt zwischen den Bedürfnissen wird noch größer, wenn man die Erfordernisse des Projekts berücksichtigt: Ein Projekt hat Ziele, die klar definiert und eindeutig festgelegt sein sollten.

Diese Projektziele sollen auch in Zahlen ausgedrückt werden:

- Zeit (z. B. Beginn am 20.01.1998 und Ende am 13.12.1999)
- Kosten (z. B. die Durchführung des Projekts kostet insgesamt DM 20.000)
- Ausführung (z. B. Produktion eines 200 Seiten starken Taschenbuches mit Zeichnungen)
- Qualität (z. B. ein Buch mit der Zielgruppe mittleres Management)

Außerdem muss ein Projekt mit dem nötigen Kapital, mit Ausrüstung und qualifiziertem Personal ausgestattet sein, damit die oben genannten Ziele erreicht werden können. Die Gelegenheiten für Interessenkonflikte sind außerordentlich zahlreich. So kollidiert zum Beispiel der Wunsch des Auftraggebers, das Projekt kurzfristig neuen Marktbedingungen anzupassen, mit der Notwendigkeit, das Projektziel zum frühestmöglichen Zeitpunkt festzuschreiben, und mit der Forderung des Teams jeden Eingriff von außen zu unterlassen. Diese Konflikte müssen nun gelöst werden; allerdings nicht, indem man miteinander Kompromisse aushandelt (Kapitel 11), sondern vor allem in der Projektorganisation. Bevor wir jedoch näher darauf eingehen, wie das zu bewerkstelligen ist, wenden wir uns der Organisationsstruktur an sich zu.

CLUBS, UNTERNEHMEN, KONZERNE UND STAATEN

Dies sind Beispiele für das komplexe und oft widersprüchliche Gebilde, das als Organisation bezeichnet wird. Sie alle haben Mitglieder und Ziele und auf die eine oder andere Weise stehen ihnen Mittel zur Verfügung, die sie in die Lage versetzen, ihre Aktivitäten auf diese Ziele auszurichten. Die Grundlage einer Organiastion wird definiert als eine „systematische Anordnung" einzelner Teile zu einem festgelegten Zweck, aber man kann sie genauso gut als einen freiwilligen Zusammenschluss von Menschen beschreiben, die auf selbst gewählte Ziele hinarbeiten. Das Wort „Organisation" bezeichnet die vielen Gruppen, Einrichtungen oder Gesellschaften, in denen wir arbeiten oder unsere Freizeit verbringen. Diese können sowohl von der Größe als auch von der Zusammensetzung her sehr unterschiedlich sein. Sie sind klein, wenn sie eine überschaubare Anzahl von Menschen zu einem gemeinsamen Interesse wie Golf- oder Schachspiel zusammenführen – oder sie sind groß, komplex und mächtig wie Regierungen oder Konzerne, die Güter und Dienstleistungen anbieten. Betrachtet man die formalen Strukturen dieser Organisationen näher, stellt man fest, dass auch sie eine große Vielfalt aufweisen. Sie können beispielsweise hierarchisch aufgebaut sein mit festgelegten Aufgaben und Kompetenzbereichen oder fast schon organisch in ihrer Anlage mit nur begrenzter formaler oder hierarchischer Struktur. Diese Strukturen können u. a. so dargestellt werden:

Abb. 10   **Organisationsstrukturen**

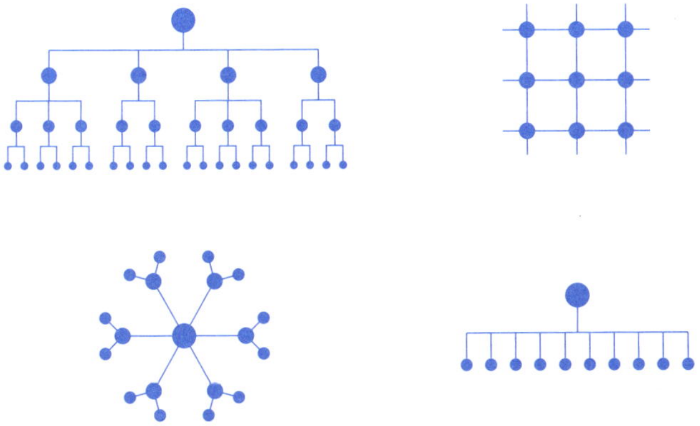

Diese Organisationsformen tauchen in unser aller Leben auf – sie sind überall und umgeben jeden Aspekt unserer Existenz. Sie verkaufen Waren oder Dienstleistungen, erziehen unsere Kinder, sammeln unseren Müll, beeinflussen die politischen Entscheidungen, die über die Ressourcen und Dienstleistungen unserer Gemeinden und Länder getroffen werden, und versorgen uns im Austausch für unsere Dienstleistungen und Fähigkeiten mit Geld. Sie stellen genauso die Mittel für die meisten Projekte bereit und sind oft, in der einen oder anderen Form, die Auftraggeber, für die diese Projekte eingerichtet und durchgeführt werden. Ungeachtet dieser Verschiedenheiten haben Organisationen, wenn man sie auf ihre Grundform reduziert, dennoch zwei gemeinsame Merkmale: Sie bestehen aus einer Ansammlung von Individuen, die ein gemeinsames Ziel verfolgen, und sie beruhen auf Systemen, die sowohl formal als auch informell organisiert sind.

Immer aber gilt ihr Hauptinteresse den Aspekten Macht und Einfluss, damit verbunden sind Entscheidungen über die Zuordnung und den Einsatz von Ressourcen wie Material, Kapital und Information, und den Pflichten und Verantwortlichkeiten von Berufen, Positionen und Arbeitsplätzen. Ihnen allen ist also Folgendes gemeinsam:

◆ Führungspersonen – mit unterschiedlichen Graden wirklicher oder nomineller Macht,
◆ Strukturen – diese können starr oder flexibel sein und äußern sich in Positionen, Verantwortlichkeiten und Berufen,
◆ Abläufe – diese legen fest, wie die Ziele der Organisation erreicht werden.

Ohne Führungspersonen funktioniert natürlich keine Organisation, aber ohne den entscheidenden Einsatz von Menschen schon gar nicht. Menschen machen Organisationen lebendig – sie bringen sie in Gang, ungeachtet ihrer Komplexität; ohne diese Menschen kann der Vorgesetzte nicht führen und die Strukturen und Abläufe bleiben kraft- und wirkungslose Hüllen.

PROJEKTE UND ORGANISATIONEN

Auf den ersten Blick scheinen Projekte und Organisationen viel gemeinsam zu haben. Beide haben Vorgaben und Ziele, die sie erreichen wollen, und an beiden sind als ein wesentliches Element Menschen beteiligt. Weiterhin verfügen beide über Führungspersonen, Strukturen, Systeme und Abläufe. Beleuchtet man diese zielorientierten Mechanismen jedoch näher, ergeben sich Unterschiede, die sich entscheidend auf die Organisation und Führung von Organisationen und Projekten auswirken.

Der erste Unterschied betrifft den Zeitrahmen der Aktivitäten. Organisationen sind vor allem von langfristigen Abläufen und Zielen geprägt. Ihr vorrangigstes Anliegen ist das Überleben, die kontinuierliche Existenz. Um dies zu erreichen opfern sie oft ihre ursprünglichen Ziele oder ändern radikal ihre Struktur. Das Überleben ist kein zeitabhängiges Ziel, sondern ein kontinuierliches und immer währendes. Nichtsdestoweniger leiten, koordinieren und kontrollieren Organisationen die Einzelheiten ihrer kurz- und mittelfristigen Aktivitäten, einzig zu dem Zweck, das Überleben der Organisation sicherzustellen.

Projekte sind im Gegensatz dazu kurzlebig. Ungeachtet der oft soliden und bedeutenden Natur ihrer Ergebnisse sind Projekte wie Libellen im Sommer – für eine kurze Zeit da und dann wieder verschwunden. Projekte existieren – im Vergleich zu einer Organisation – nur für eine kurze Zeitspanne; ihre Ziele sind an einen bestimmten Zeitpunkt gebunden: Sie müssen zu einem Zeitpunkt abgeschlossen sein, der bei der Einrichtung des Projekts festgelegt wurde. Wenn diese Ziele erreicht sind, werden die Projekte ihre Tätigkeit „von selbst" einstellen.

Wenn man der Sache weiter auf den Grund geht, stellt man Folgendes fest: Nicht nur die Frage, welches die geeignetste Organisationsstruktur sei, ist Gegenstand heftiger Diskussionen; es gibt auch viele Ansichten über ihre Form und Art. Diese Formen reichen von den schwerfälligen und erstarrten „Urgesteinen" der Bürokratie bis hin zu organisatorischen Formen, die sehr viel beweglicher und aufgeschlossener sind. Im Vergleich dazu war die Organisation von Projekten Gegenstand einer eher begrenzten Debatte und demzufolge wird über die Art, wie ein Projekt organisiert wird, weniger nachgedacht und diskutiert. „Wir haben es schon immer so gemacht", heißt es, wenn es um das Wer, Wie, Was der Projektorganisation geht. Diese Überlegungen zu den Unterschieden zwischen Projekten und Organisationen erinnern uns schließlich wieder daran, dass – wie wir in Kapitel 2 gesehen haben – Projekte einzigartige, einmalige Ergebnisse haben, während es bei Organisationen um die Nachahmung und Wiederholung ihrer Ergebnisse geht.

Wenn wir uns diese Unterschiede noch einmal vor Augen führen, ergibt sich Folgendes:

	Organisationen	**Projekte**
Zeithorizont	Langfristig und kontinuierlich	kurz- oder mittelfristig, festgelegt und begrenzt
Ziele	kontinuierliches Überleben	Fertigstellung und Abschluss
Ergebnisse	Reproduktion	einzigartig und einmalig

Dieser Vergleich erhärtet nicht nur die Ansicht, dass Projekte Instrumente sind, mit denen Manager ihre Unternehmensziele erreichen können, er sagt auch etwas darüber aus, wo – in dem weiten Spektrum der Unternehmensaktivitäten – diese Projekte ihre Anwendung finden. Das machtvolle und flexible Instrument eines Projekts wird dazu eingesetzt, die Unternehmensaktivitäten wie Management, Koordination und Kontrolle der kurz- und mittelfristigen Aktivitäten zu unterstützen, die wiederum das kontinuierliche Überleben sicherstellen sollen. Projekte werden eingesetzt, um die Veränderungen herbeizuführen, die zur erfolgreichen Verwirklichung dieser Aktivitäten erforderlich sind, und sie können eingesetzt werden, wenn das Unternehmen im Hinblick auf das Überlebensziel restrukturiert werden soll.

*P*ROJEKTORGANISATION – EIN ÜBERBLICK

Bevor wir die Details der Projektorganisation näher betrachten, möchten wir noch einmal daran erinnern, dass alle Projekte einmalige Ergebnisse erzielen, etwas mit Veränderungen zu tun haben, sich über einen begrenzten Zeitraum erstrecken und verschiedene Ressourcen vorübergehend einsetzen.

Und es soll auch noch einmal gesagt werden, dass – wenn die Projekte erfolgreich sein sollen – sie organisiert, strukturiert und geleitet werden müssen, und zwar so, dass den Bedürfnissen des betreffenden Unternehmens, des Projekts und des Projektteams Rechnung getragen wird.

Wie wir schon gesehen haben, stehen diese Bedürfnisse oftmals im Konflikt miteinander. Jede Projektorganisation muss also robust genug sein, mit diesen Konflikten fertig zu werden, und aufgeschlossen genug, praktikable Kompromisse zu finden, damit das Projekt erfolgreich ist.

Die Art der Projektorganisation wird zudem von vielen anderen Faktoren beeinflusst, angefangen von den Erfahrungen des Auftraggebers mit früheren Projekten bis hin zur detaillierten Ausgestaltung des Projekts selbst. Schlüsselpunkte dabei sind:

◆ die Dauer des Projekts – sei es in Tagen oder in Jahren,
◆ die Höhe der Kosten – ob in Hunderten oder Milliarden von DM,
◆ die Komplexität des Projekts – seien es 20 oder 35.000 miteinander verbundene Aktivitäten,
◆ die Bedeutung für den Auftraggeber – „Unerlässlich für unser Überleben" oder „Nur ein weiteres Projekt",
◆ die Bedeutung für das Projektteam – „Wir sind die Besten" oder „Alles schon mal dagewesen",
◆ der Grad der Innovation – „Rakete zum Mars" oder „Nur ein weiteres neues Magazin".

PROJEKTORGANISATION – ZWEI ANSÄTZE

Wir können die Möglichkeiten, die für unsere Projektorganisation zur Verfügung stehen, ausloten, indem wir uns zwei verschiedene Projekte in ein und demselben Unternehmen anschauen. Das erste ist ein kurzfristiges, mit geringen Kosten verbundenes Krankenhausprojekt; hier soll ein bewährtes System zur manuellen Führung von Krankenblättern einer kleinen Kinderklinik auf eine kleine Erwachsenenklinik übertragen werden. Der Innovationsgrad dieses Systems ist niedrig, weil seine Effizienz schon unter Beweis gestellt wurde. Für die Mitarbeiter der Erwachsenenklinik ist es jedoch neu. Diese Menschen wie auch der Manager, der das System ausgewählt hat, sind darauf angewiesen, dass das Projekt erfolgreich ist. Das legt den Schluss nahe, dass die Organisation dieses Projekts stark von den Bedürfnissen des Auftraggebers beeinflusst wird. Deswegen muss die Projektorganisation folgende Punkte aufweisen:

◆ eine Struktur, die der Klinikorganisation des Auftraggebers gerecht wird,
◆ einen Full-time-Projektleiter aus dem Stab der Klinik,
◆ Teilzeit-Projektmitglieder aus beiden Kliniken.

Zudem muss sie in das vorhandene Management- und Kontrollsystem integriert werden. Eine derartige Projektorganisation ermöglicht es der Erwachsenenklinik, bei der Arbeit mit dem neuen System auf die Erfahrungen der Kinderklinik zurückzugreifen. Sie muss auch sicherstellen, dass das Personal der Erwachsenenklinik mit einbezogen wird und für die sachgerechte Übertragung und den Start des Systems verantwortlich ist.

Im Vergleich dazu hat ein Projekt mit hohen Kosten eine lange Laufzeit. Die Einführung neuer Technologien oder Systeme, wie beispielsweise komplexe, integrierte Informationssysteme für das gesamte Krankenhaus, betrifft wahrscheinlich andere Bedürfnisse. Diese schlagen sich in einer Projektorganisation nieder, die folgende Forderungen erfüllt:

◆ ein Projektteam, das von der Krankenhaus-Organisation getrennt ist,
◆ ein eigenes Management- und Kontrollsystem,
◆ eine Struktur, die sich an den Bedürfnissen des Projekts und nicht an der Organisationsstruktur des Auftraggebers orientiert.

Eine solche Projektorganisation gewährleistet die erfolgreiche Durchführung des Projekts. Der Maßstab dafür ist – wie bei allen Projekten – die termingerechte Fertigstellung zu den geplanten Kosten in der vorgesehenen Ausführung und Qualität. Ein Projekt dieser Größenordnung erfordert eine hohe Qualifikation für die Planung und Leitung und eine starke und unabhängige Projektleitung. Unerlässlich sind außerdem Erfahrungen in der Entwicklung und Einführung von Informationssystemen.

Die beiden Beispiele zeigen zwei Möglichkeiten, wie Projekte organisiert werden können. Die Organisation des ersten Projekts – die Übertragung des manuellen Krankenblatt-Systems – konzentriert sich darauf, den Bedürfnissen des Kunden gerecht zu werden. Die des zweiten Projekts – die Einrichtung eines Krankenhaus-Management-Informationssystems – war auf die Bedürfnisse des Projekts ausgerichtet. Einige der Unterschiede zwischen beiden Organisationsweisen sind in der folgenden Grafik dargestellt:

Abb. 11   **Orientierung am Auftraggeber und Projektorientierung**

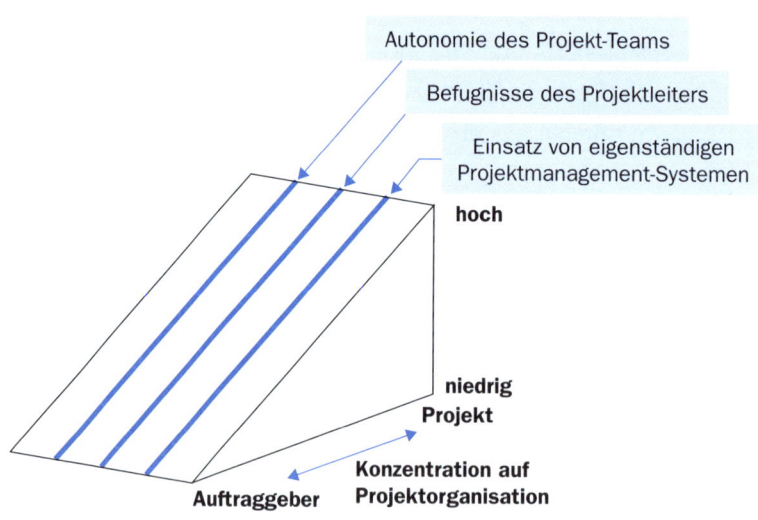

PROJEKTORGANISATION – FORMEN

Es gibt drei Haupttypen der Projektorganisation: Stabs-Projektorganisation, reine Projektorganisation, Matrix-Projektorganisation.

Um sicherzustellen, dass Sie die „richtige" Organisationsform für Ihr Projekt auswählen, sollen Pro und Kontra dieser drei Arten der Projektorganisation skizziert werden.

■ Stabs-Projektorganisation

Diese Art der Projektorganisation integriert das Projekt in die bestehende Struktur des Auftrag gebenden Unternehmens. Dies bedeutet, dass das Projekt in der Regel mit Mitarbeitern des Auftraggebers oder auch mit Teilzeitkräften besetzt wird. Die Stabs-Projektorganisation zeichnet sich dadurch aus, dass sie die Fachkompetenzen des Auftrag gebenden Unternehmens nutzt; dadurch ist gewährleistet, dass sowohl vom Projekt als auch vom Unternehmen Spitzenkräfte eingesetzt werden. Weitere Vorteile sind die Kompatibilität der Projekt- und Unternehmensabläufe und -systeme und die Kompatibilität der Projekt- und Unternehmensziele.

Allerdings hat diese Art der Projektorganisation auch ihre Nachteile:
◆ die Anforderungen des Tagesgeschäfts bestimmen häufig die Entscheidungen über den Einsatz der Ressourcen,
◆ das Projekt hat nur begrenzt Einfluss auf Veränderungen, besonders wenn es um Verhalten, Normen oder Standards geht,
◆ der Kontakt zwischen Auftraggeber und Projekt erfolgt oftmals indirekt
◆ die Mitarbeiter des Projektteams verhalten sich eher loyal zu „ihrem" Unternehmen als zum Projekt,
◆ die Befugnisse des Projektleiters sind begrenzt.

Wo das Projekt im Auftrag gebenden Unternehmen angesiedelt ist, hängt von der Art seiner Ergebnisse ab: Ein produktionsbezogenes Projekt wird der Produktionsabteilung, ein Projekt zur Veränderung von Qualitätsstandards und Abläufen in der Qualitätssicherung wird der Qualitätssicherung zugeordnet sein.

■ Reine Projektorganisation

In dieser Art der Projektorganisation ist das Projektteam eine selbstständige Einheit mit eigenen Ressourcen, Mitarbeitern, Geschäftsräumen etc. Es arbeitet getrennt vom Rest des Unternehmens und kommuniziert mit diesem nur in Form von Fortschrittsberichten, die normalerweise in regelmäßigen Abständen erfolgen, zum Beispiel monatlich oder alle zwei Wochen oder auch vor oder nach entscheidenden Projektaktivitäten. Der größte Teil dieser Kommunikation erfolgt über einen Manager, der genügend Vollmachten hat, Vorurteile und Konflikte auszuräumen. Die Vorteile dieser Organisationsform sind:

◆ das Team hat eine starke Identität und die Mitglieder engagieren sich für das Projekt,
◆ das Team wird von einem Projektleiter geleitet, der volle Kontrolle über das Projekt hat,
◆ die Kommunikation erfolgt direkt und
◆ Entscheidungen und Problemlösungen können schnell erfolgen.

Nachteile sind:

◆ Erhöhung des Personalbedarfs, wenn verschiedene Projekte laufen,
◆ zwischen projekt- und unternehmensinternen Abläufen, Systemen und Zielen können sich Widersprüche ergeben,
◆ Wegfall der Fähigkeiten und Erfahrungen der Teammitglieder am Ende eines Projekts.

Ein Beispiel für diese Art von Projektorganisation zeigt die folgende Abbildung.

Abb. 12   **Reine Projektorganisation**

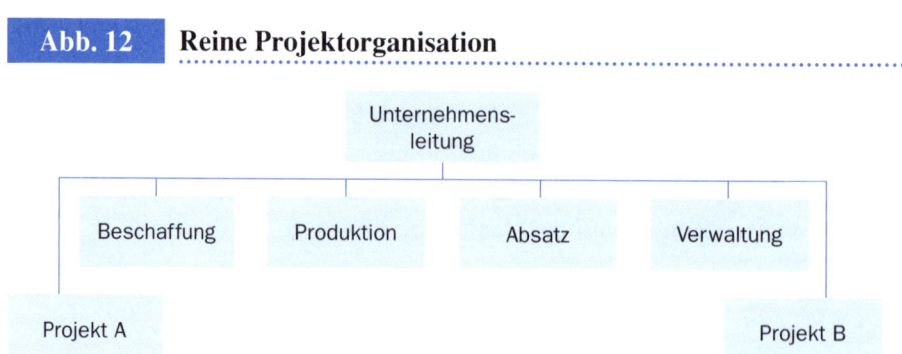

Matrix-Projektorganisation

Diese wird oft als ein Kompromiss, als Mittelweg zwischen den Extremen der reinen Projektorganisation und der Stabs-Projektorganisation angesehen. In der einfachsten Form holt sich der Projektleiter die Mitarbeiter, die er benötigt, aus jeder Abteilung des Auftraggebers, wie Sie hier sehen können:

Abb. 13   **Matrix-Projektorganisation**

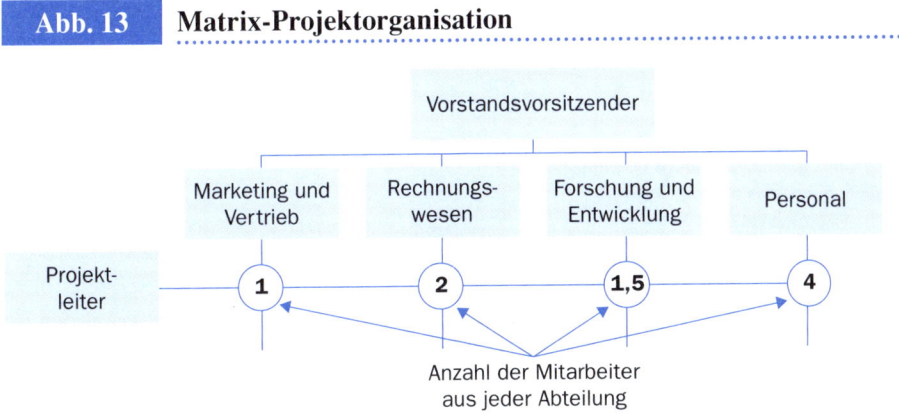

Die Vorteile dieser Art von Projektorganisation sind folgende:

◆ die Möglichkeit, auf die Mitarbeiter des Auftraggebers zurückzugreifen, wann immer dies erforderlich ist,
◆ die Kompatibilität zwischen projekt- und unternehmensinternen Abläufen, Systemen und Zielen.

Die Nachteile:

◆ die Teammitglieder haben zwei Chefs – den Linienvorgesetzten und den Projektleiter,
◆ das Machtgleichgewicht zwischen der Organisation des Auftraggebers und dem Projektleiter ist oft sehr instabil,
◆ der Projektleiter trifft die verwaltungstechnischen und die Linienmanager des Auftraggebers treffen die technischen Entscheidungen im Rahmen des Projekts.

Diese Form der Projektorganisation galt in der Vergangenheit als gangbarer Weg für das Projektmanagement. Aber seine Popularität hat nachgelassen, u. a. weil die Teammitglieder häufig in Weisungskonflikte kommen.

AUSWAHL DER PROJEKTORGANISATION

Es gibt dafür keine „goldenen Regeln" – vielmehr ist die Frage, inwieweit Sie auf Ihre Erfahrungen zurückgreifen können und wie Sie die Situation beurteilen. Dabei wird es darum gehen, welche Art von Projektorganisation mit dem Unternehmen des Auftraggebers kompatibel ist. Auch Ihre Kenntnisse über das Projekt sind ausschlaggebend für die Entscheidung.

Abb. 14 **Auswahl der Projektorganisation**

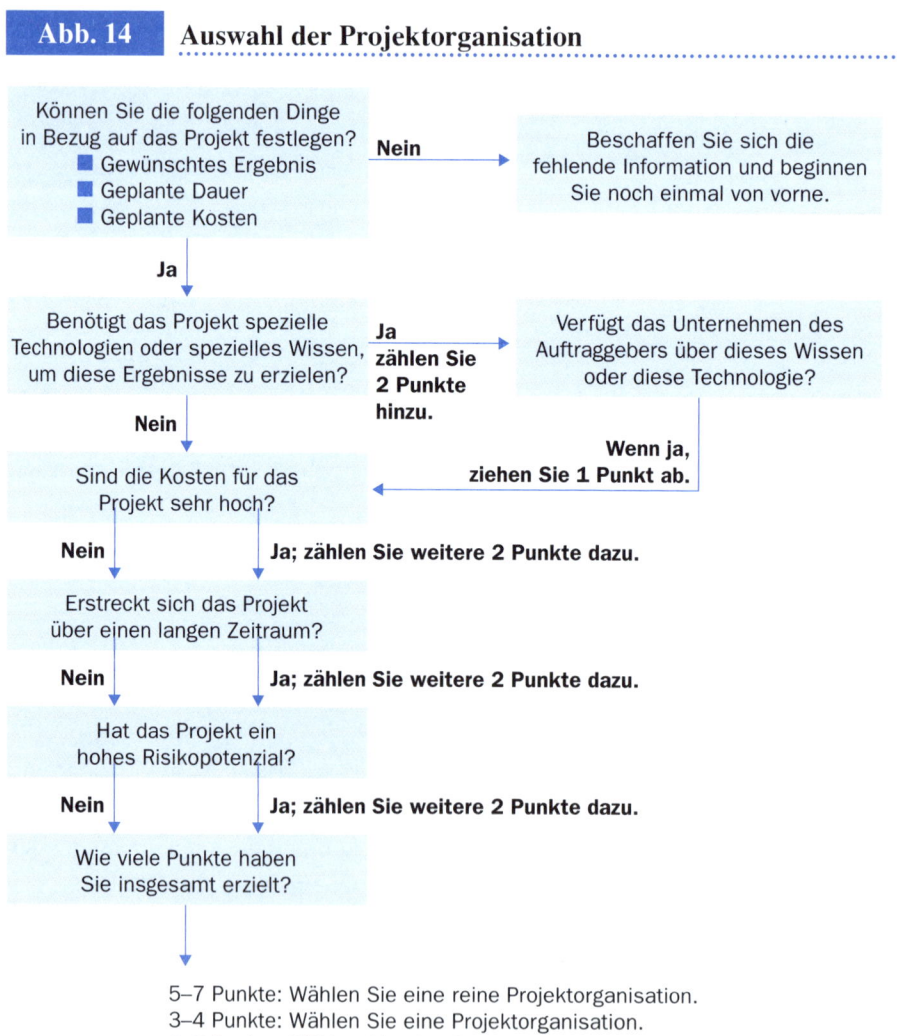

Können Sie die folgenden Dinge in Bezug auf das Projekt festlegen?
■ Gewünschtes Ergebnis
■ Geplante Dauer
■ Geplante Kosten

Nein → Beschaffen Sie sich die fehlende Information und beginnen Sie noch einmal von vorne.

Ja ↓

Benötigt das Projekt spezielle Technologien oder spezielles Wissen, um diese Ergebnisse zu erzielen?

Ja zählen Sie 2 Punkte hinzu. → Verfügt das Unternehmen des Auftraggebers über dieses Wissen oder diese Technologie?

Nein ↓

Wenn ja, ziehen Sie 1 Punkt ab.

Sind die Kosten für das Projekt sehr hoch?

Nein ↓   **Ja; zählen Sie weitere 2 Punkte dazu.**

Erstreckt sich das Projekt über einen langen Zeitraum?

Nein ↓   **Ja; zählen Sie weitere 2 Punkte dazu.**

Hat das Projekt ein hohes Risikopotenzial?

Nein ↓   **Ja; zählen Sie weitere 2 Punkte dazu.**

Wie viele Punkte haben Sie insgesamt erzielt?

↓

5–7 Punkte: Wählen Sie eine reine Projektorganisation.
3–4 Punkte: Wählen Sie eine Projektorganisation.
0–2 Punkte: Wählen Sie eine Stabs-Projektorganisation.

60

DIE ORGANISATION IHRES PROJEKTS

Sie haben sich nun für die Art der Organisation entschieden, die Ihnen für Ihr Projekt als die richtige erscheint. Der nächste Schritt besteht darin, dass Sie den Organisationsprozess beginnen. Dies ist eine anspruchsvolle Aufgabe, für die Sie viele der Fähigkeiten benötigen, die Sie sich als Manager im Tagesgeschäft angeeignet haben. Andere Kapitel dieses Buches beschreiben, wie Sie diese Fähigkeiten auf die Projektplanung (Kapitel 5), die Projektleitung (Kapitel 6), die Projektüberwachung und -kontrolle (Kapitel 12) und das Projektteam (Kapitel 7) anwenden. An dieser Stelle möchten wir Ihnen einen Überblick über die wichtigsten Elemente eines Projekts geben.

Projektauftrag

Ihre vorrangige Aufgabe ist es, eine Beschreibung des Projekts zu erstellen und seine Ziele zu definieren.

Die Projektbeschreibung kann – bei einem kostengünstigen Projekt von begrenzter Dauer – aus einem einzigen Blatt Papier bestehen oder – bei einem kostenintensiven, langfristigen Projekt – aus einer Mappe mit zahlreichen Kapiteln und Anhängen. Ungeachtet des Umfangs und der Struktur dieser Beschreibung reichen ihre Wurzeln in die Zeit zurück, als das Projekt nur eine Idee im Kopf des Auftraggebers war. Seither ist sie immer mehr verändert und verbessert worden. Wenn das Projekt und die Kosten für seine Einführung jedoch genehmigt sind, sollte der Projektauftrag nach Möglichkeit nicht mehr verändert werden. Der Projektauftrag informiert über:

◆ Ziele des Projekts,
◆ Umfang des Projekts,
◆ Organisation des Projekts,
◆ Budget des Projekts,
◆ Begründung des Projekts.

61

CHECKLISTE: PROJEKTAUFTRAG

1. Umfasst die Beschreibung

was das Projekt erreichen will?   Ja ☐   Nein ☐

wann?   Ja ☐   Nein ☐

wo es das erreichen will?   Ja ☐   Nein ☐

zu welchen Kosten?   Ja ☐   Nein ☐

2. Umfasst sie

welche Positionen im Projektteam zu besetzen sind?   Ja ☐   Nein ☐

die Zuständigkeiten dieser Positionen?   Ja ☐   Nein ☐

wer für diese Positionen vorgesehen ist?   Ja ☐   Nein ☐

3. Benennt sie

welche Instrumente und Techniken für die
Planung und Kontrolle des Projekts eingesetzt
werden?   Ja ☐   Nein ☐

welche Summen ursprünglich für welchen Zweck
geplant waren?   Ja ☐   Nein ☐

wie und wann die Kommunikation mit dem
Auftraggeber stattfindet?   Ja ☐   Nein ☐

Auflösung: Wenn Sie mehr als zweimal Nein angekreuzt haben, sollten Sie Ihre Projektbeschreibung noch einmal überdenken und verändern – bevor Sie ein Problem bekommen!

Projektpositionen und Zuständigkeiten

Klare und gut umrissene Positionen und Zuständigkeiten sind unerlässlich. Sie sind für alle Mitglieder des Projektteams festzulegen und definieren

- ◆ die Ziele der einzelnen Positionen,
- ◆ woran der Erfolg der Position bemessen wird,
- ◆ was die Position beinhaltet,
- ◆ wem die Position unterstellt ist,
- ◆ welche Befugnisse die Position hat,
- ◆ welche Bedeutung die Position für die Kommunikation mit dem Auftraggeber bei Meetings oder in Berichten hat.

Eine gut definierte Positions- und Zuständigkeitsbeschreibung sollte zwei DIN-A4-Seiten nicht überschreiten – mehr würde nur Ihre Unsicherheit über die Positionen und Zuständigkeiten verraten.

Kostenplanung

Wie wir in Kapitel 8 noch genauer sehen werden, haben Projektabrechnung und Budgets verschiedene Funktionen und verfolgen verschiedene Zwecke. Zu diesem Zeitpunkt soll lediglich festgehalten werden, dass beide nicht bloße Zahlenübungen sind, sondern für den Erfolg des Projekts entscheidend. Darum ist es zu diesem frühen Zeitpunkt Ihres Projekts wichtig, ein festes Budget für das Projekt sowie die Abläufe für Genehmigungen und Zahlungen festzulegen.

Änderung des Projektauftrags

Eine Änderung des Projektauftrags bedeutet Veränderungen, die Dauer, Kosten, Ergebnis und Qualität des Projekts beeinflussen.

Änderungen des Projektauftrags lassen sich mitunter nicht verhindern, weil sie notwendig sind (Fehler, Änderungen in der Gesetzgebung etc.) oder weil sie Verbesserungen bedeuten (neue Technologie, besseres Design etc.).

Voraussetzung für den Erfolg eines Projekts ist, dass so früh wie möglich Folgendes festgelegt wird:

- ◆ eine klare, verständliche und eindeutige Darstellung der Projektkonzeption, wie sie beispielsweise in dem oben genannten Projektauftrag enthalten ist,

◆ wirksame Verfahrensvorschriften für die Definition, Bewertung und Genehmigung der vorgeschlagenen Änderungen des Projektauftrags.

Wenn dies versäumt wird, kann Ihr Projekt außer Kontrolle geraten und zu einem „Selbstläufer" werden, dessen Endergebnis, Dauer, Qualität und Kosten wenig mit dem zu tun haben, was ursprünglich im Projektauftrag festgelegt wurde. Um die einzelnen Schritte bei der Änderung des Projektauftrags kontrollieren zu können, sollte man diese schriftlich dokumentieren.

ZUSAMMENFASSUNG

■ Die Auswahl der „richtigen" Projektorganisation ist der entscheidende Schritt hin zu einem erfolgreichen Projekt.

■ Diese Organisation gleicht die widerstreitenden Bedürfnisse folgender Parteien aus:
– des Auftrag gebenden Unternehmens,
– des Projektteams,
– des Projekts.

■ Die Haupttypen der Projektorganisation sind:
– Stabs-Projektorganisation,
– reine Projektorganisation,
– Matrix-Projektorganisation.

■ Die Wahl der für Ihr Projekt richtigen Organisationsform umfasst:
– Urteilsvermögen,
– Kenntnis der in der Vergangenheit erfolgreichen Vorgehensweise,
– Verständnis der Eigenart der Projektergebnisse, der Risiken, der Kosten, der Dauer, der Erfordernisse einer speziellen Technologie oder Know-how.

■ Die ersten Schritte bei der Organisation Ihres Projektes sind:
– die genaue Beschreibung des Projektauftrags,
– die Festlegung der Positionen und Zuständigkeiten,
– die Einführung eines Projektabrechnungssystems und die Planung des Budgets,
– die Kontrolle von Änderungen des Projektauftrags.

Projektplanung

ÜBERBLICK

Die Projektplanung leistet einen grundlegenden Beitrag zum Erfolg eines Projekts. Thema dieses Kapitels sind die Instrumente, die den wirkungsvollen Einsatz der Ressourcen ermöglichen.

ZIELE

Am Ende dieses Kapitels haben Sie ein besseres Verständnis für
- die Schritte und Phasen des Planungsprozesses,
- Planungsinstrumente wie
  - Balkendiagramme,
  - Vorgangspfeil- und Vorgangsknoten-Netzpläne,
- den Einsatz materieller Ressourcen und
- den Einsatz von Computern für die Projektplanung.

*P*LANUNG – WARUM?

Im letzten Jahrzehnt des 20. Jahrhunderts scheint „Planung" ein Reizwort geworden zu sein. Worte wie Anpassungsfähigkeit, Reaktion auf Kundenanforderungen, Eigenverantwortlichkeit der Mitarbeiter, Qualitätszirkel, Dezentralisierung und Reengineering sind in den Unternehmen symptomatisch für ein Klima, das sich seit den 60er Jahren stark verändert hat. Die traditionelle Lehre über Unternehmensführung, die auf dem Konzept von Planung und Kontrolle basierte, wurde infrage gestellt und unterminiert.

Ist Planung tatsächlich ein veraltetes Konzept oder ist sie ein mächtiges und flexibles Instrument, dessen Gebrauch die Manager der 90er Jahre wieder neu erlernen müssen? Erfolgreiche Projekte bedürfen der Planung – sie ereignen sich nicht von selbst – und eine derartige Planung muss in der Lage sein, den Erschütterungen aus dem immer unsicherer werdenden Umfeld zu widerstehen, in dem wir alle arbeiten.

Planung bedeutet, dass ein Plan erstellt wird; in diesem Fall ein Diagramm oder ein Programm, das den Zusammenhang zwischen Zielsetzungen, Zeiten, Orten etc. der geplanten Vorhaben anzeigt. Für die meisten von uns stehen Pläne für eine Abfolge von Aktivitäten und wenn sie zum Erfolg dieser Handlungen beitragen sollen, geben sie an, wann diese vorgenommen werden sollen, wer sie vornimmt und welche Ausrüstung, Instrumente etc. dafür benötigt werden.

Pläne stellen jedoch nicht nur detaillierte Listen von Aktivitäten dar. In ihrer schlechtesten Form enthalten sie unflexible und doktrinäre Forderungen, die jegliche Kreativiät und Spontaneität unterdrücken. In ihrer besten Form sind sie Instrumente, die Visionen, Hoffnungen und Wünschen Ausdruck verleihen. Mit Plänen kann man anderen das Warum, Was, Wie und Wann dieser Visionen und Hoffnungen verständlich machen und die Basis für gemeinschaftliche Bemühungen bilden, die – wie Sie in Kapitel 7 sehen werden – erfolgreiche Teams charakterisieren. Jedoch müssen wir – was auch immer die Management-Theoretiker als Nächstes aushecken – versuchen, unsere Zukunft zu gestalten und im Griff zu behalten. Pläne sind ein bewährtes Instrument, die, wenn sie richtig eingesetzt werden, genau das ermöglichen.

*P*LANUNG UND PROJEKTE

Die Projektplanung ist ein Mechanismus, der die Ziele eines Projekts aus der Phase des bloßen Vorhabens in konkrete Realität verwandelt. Wird eine solche Planung nicht erstellt, steht nicht nur die Einhaltung der vorgegebenen Kosten, Zeit und Qualität auf dem Spiel, sondern das Erreichen des Ziels insgesamt ist infrage gestellt. In Kapitel 4 haben Sie gesehen, dass wir mit dem Projektauftrag die Ziele des Projekts definiert haben. Um diese in einen Projektplan umzuwandeln, müssen Antworten auf folgende Fragen gefunden werden:

◆ Welche Aktivitäten sind erforderlich?
◆ Wann müssen diese Aktivitäten begonnen oder beendet werden?
◆ Wie viel Zeit werden sie beanspruchen?
◆ Wer wird sie durchführen?
◆ Welche Ausrüstung, Instrumente und Materialien werden dazu benötigt?

BEISPIEL

Projektziel: Renovierung eines Schlafzimmers
Erforderliche Arbeiten:
- Ausräumen des Zimmers (Möbel, Vorhänge)
- Abdecken des Teppichbodens
- Abreißen und Entsorgen der alten Tapeten
- Füllen von Löchern in der Wand
- Abschleifen der alten Farbe von den Holzbalken
- Reparieren von Löchern im Holz
- Säuberung
- Abwaschen der Decke
- Streichen der Decke
- Grundieren, Vor- und Nachstreichen der Holzbalken
- Tapezieren
- Entfernung und Entsorgung der Teppichabdeckung
- Anbringen der Jalousien, Vorhänge und Möbel

Abschluss: 10. Dezember
Dauer: 4 Tage (zwei Wochenenden)

67

Ausgeführt von: Philip und Linda Baguley

Benötigte Ausrüstung, Werkzeuge und Materialien:

Pinsel, Farblöser und Spachteln, Moltofill, Stufenleiter, Tapeziertisch, Plastik-
folie, Grundier- und Lack für Holz, Tapeten, Wischlappen, Eimer, Reinigungs-
mittel, Farbroller, Tapetenspachtel, Schleifpapier, Tapetenkleister und -bürsten,
Schere, Maßband, Senkschnur, Wandfarbe, Tapezierbürste, Staubsauger

Dabei muss von Anfang an feststehen, welche Kosten für das Projekt veranschlagt sind und welche Qualität das Ergebnis haben soll, denn beides kann die
Art der Ausführung erheblich beeinflussen. Im Schlafzimmer-Renovierungs-
projekt würde beispielsweise ein begrenztes Budget die Qualität der Tapeten
beeinflussen; oder die vorhandene Lackierung des Holzes würde einfach über-
strichen, um so die Kosten für Grundierung und Lack, Farblöser und Spachteln zu
sparen. Entscheidungen bezüglich der Kosten wirken sich auch auf die übrigen
Bereiche aus: auf die Qualität des Ergebnisses (Haltbarkeit der Tapeten und der
Lackierung), auf die Zeit für die Fertigstellung (weniger Zeit wird benötigt) und
auf die Erfüllung der Zweckbestimmung – das heißt: Sieht es gut aus? Bei der
Planung muss weiterhin berücksichtigt werden, welche Aktivitäten in der Durchführung voneinander abhängig sind. Im Jargon der Projektplanung heißt das
„gegenseitige Abhängigkeit":

	Aktivität	Kann erst fertig gestellt werden nach Aktivität Nr.
1	Ausräumen des Zimmers (Möbel, Vorhänge und Jalousien)	–
2	Abdecken des Teppichbodens	1
3	Abreißen und Entsorgen der alten Tapeten	2
4	Füllen von Löchern in der Wand	3
5	Abschleifen der alten Farbe von den Holzbalken	2
6	Reparieren von Löchern im Holz	5
7	Säuberung	4 und 6
8	Abwaschen der Decke	2
9	Streichen der Decke	8
10	Grundieren, Vor- und Nachstreichen der Holzbalken	5 und 7
11	Tapezieren	4, 9 und 10
12	Entfernung und Entsorgung der Teppichabdeckung	11
13	Anbringen der Jalousien, Vorhänge und Möbel	12

Diese Liste vermittelt eine Vorstellung davon, wie das Projekt geplant werden könnte. Fragen tauchen auf wie: „Können wir die alten Tapeten zusammen mit der alten Farbe entfernen?" oder „Können wir die Holzbalken schleifen und gleichzeitig die Decke abwaschen?" Bevor Sie diese Fragen beantworten können, müssen Sie jedoch wissen, wie lange jede einzelne Aktivität dauert. Die Zeitschätzung wird oft als eine Mischung aus Wissenschaft, Erfahrung und Intuition beschrieben, ist aber ein wichtiger Beitrag zur Glaubwürdigkeit und Anwendbarkeit des Projektplans. Hilfreich bei dieser Schätzung sind Informationen, die Sie bei Farbenherstellern („Eine Trockenzeit von zwei Stunden ist normal") einholen können oder bei Menschen, die so etwas schon einmal gemacht haben (Freunde, Familie oder Buchautoren); oder Sie greifen auf Ihre eigenen Erfahrungen (wie haben wir es das letzte Mal gemacht?) zurück. In dieser Phase müssen die Schätzungen nicht absolut genau sein. Für Ihr Schlafzimmerprojekt wird es ausreichen, eine Genauigkeit von plus/minus einer halben Stunde anzusetzen, wohingegen bei größeren Projekten in dieser Planungsphase die Genauigkeit plus/minus ein halber Tag angemessen sein dürfte.

Wie genau auch immer Ihre ursprüngliche Schätzung war, für ein erfolgreiches Projekt brauchen Sie einen Plan, der folgende Standards einhält:

◆ **Inhalt.** Der Plan sollte detailliert genug sein, damit er sinnvoll und brauchbar ist, aber nicht so detailliert, dass er unnötig kompliziert wird. Er sollte jedenfalls klar und eindeutig sein.

◆ **Verständlichkeit.** Unerlässlich für den Erfolg des Projekts ist ein Plan, der für alle Benutzer auf Anhieb verständlich ist.

◆ **Veränderbarkeit.** Ein effektiver Plan zeichnet sich dadurch aus, dass er leicht verändert, auf den neuesten Stand gebracht und überarbeitet werden kann.

◆ **Nutzbarkeit.** Der Plan muss so angelegt sein, dass mit ihm der Fortschritt des Projekts leicht zu überwachen ist und er als Kommunikationsmittel dienen kann.

Ein guter Plan wird alle oben genannten Eigenschaften aufweisen, aber dennoch die Fähigkeiten und die Kreativität von Menschen benötigen, die ihn zum Leben erwecken. Ein schlechter Plan ist schwer verständlich und enthält überflüssige Details. Und darüber hinaus untergräbt er die Leistungsfähigkeit und die Kreativität der Menschen, auf deren Beitrag nicht verzichtet werden kann.

*B*ALKENDIAGRAMM UND NETZPLANTECHNIK

Eine der ältesten und einfachsten Formen eines Projektplanes ist das Balkendiagramm, auch Gantt-Diagramm. Es wurde in den 1920er Jahren von einem amerikanischen Ingenieur namens Henry L. Gantt entwickelt, der ein Anhänger der Schule „Scientific Management" von F. W. Taylor war. Ungeachtet seines Alters ist das Gantt-Diagramm immer noch eine beliebte und nützliche Methode zur Darstellung des Projektplans. Es verfügt über

◆ eine horizontale Zeitachse,
◆ eine vertikale Liste der Aktivitäten,
◆ eine horizontale Linie bzw. einen Balken für jede Aktivität und
◆ Linien oder Balken für die benötigte Zeit zur Fertigstellung der Aktivität.

Hier sehen Sie ein typisches Gantt-Diagramm.

Abb. 15   **Balken- oder Gantt-Diagramm**

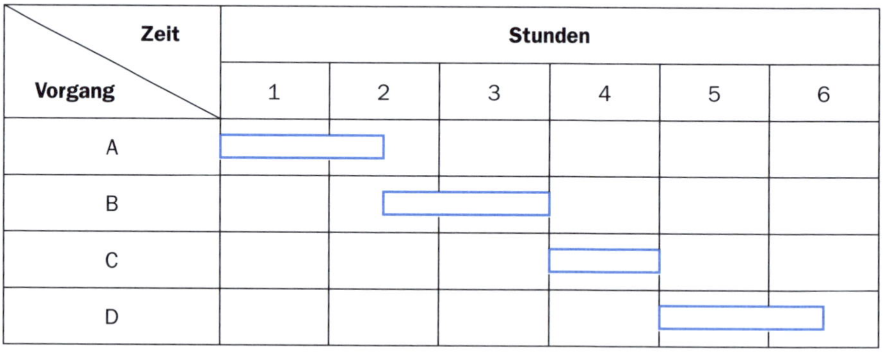

Zeit / Vorgang	Stunden					
	1	2	3	4	5	6
A	▭					
B		▭				
C			▭			
D				▭		

In diesem Beispiel sollen die Vorgänge A, B, C und D nacheinander begonnen und vollendet werden, sie dauern 1,5, 1,5, 1 und 1,5 Stunden. Dieses Diagramm kann sowohl zur Darstellung der einzelnen Schritte als auch zur Überwachung des Fortgangs benutzt werden. Nach planmäßigem Ablauf (3 Stunden) sieht das Diagramm für das oben genannte Beispiel aus wie in Abbildung 16 dargestellt.

Abb. 16	Balkendiagramm zur Überwachung

Vorgang / Zeit	Stunden					
	1	2	3	4	5	6
A	▬▬					
B		▬▬				
C				▭		
D					▭	

In allen Projekten gibt es Vorgänge, die parallel zueinander oder gleichzeitig ablaufen, wie das Balkendiagramm in Abbildung 17 zeigt: Eine andere Besonderheit, der springende Punkt für das Management aller Projekte, ist der „kritische Pfad". Er bedeutet eine Abfolge von Vorgängen, die den termingerechten Abschluss gerade noch gewährleisten; verzögern sie sich, gefährdet dies die Fertigstellung des ganzen Projekts. Dieser Pfad verdeutlicht, welche Vorgänge besondere Aufmerksamkeit verlangen, um die pünktliche Fertigstellung des Projekts zu sichern. Den kritischen Pfad und gleichzeitig ablaufende Vorgänge sehen Sie in Abbildung 17:

Abb. 17	Parallele Vorgänge und kritischer Pfad

Vorgang / Zeit	Stunden					
	1	2	3	4	5	6
A	▭					
B		▭			kritischer Pfad	
C		parallele Vorgänge	▭			
D			▭			
E				▭		

Das Balkendiagramm vermittelt mit seiner Zeitachse ein übersichtliches und leicht verständliches Bild des Projekts, indem es die Dauer und die Beendigung der Aktivitäten sichtbar macht. Für die Erstellung und Benutzung dieses Diagramms bedarf es nur geringer Übung. Es kann von Hand auf Millimeterpapier gezeichnet werden. Es gibt auch Magnet-Planungstafeln, mit denen man Projekte bis zu 100 Aktivitäten planen kann.

Obwohl es andere komplexe Projektplanungsverfahren gibt, ist das Balkendiagramm weit verbreitet. Es hat jedoch auch seine Grenzen. Die Erneuerung oder die Ergänzung eines großen, manuell erstellten Balkendiagramms kann ein mühsames und zeitraubendes Verfahren sein. Während dies noch mithilfe computergestützter Planung umgangen werden kann, ist das nächste Hindernis nicht so leicht zu nehmen. Es besteht darin, dass das Balkendiagramm die wechselseitigen Abhängigkeiten der Vorgänge nicht augenfällig wiedergeben kann. Diese ergeben sich, wie erwähnt, wenn ein Vorgang nicht stattfinden kann, bevor ein vorhergehender nicht abgeschlossen ist; diese Abhängigkeiten müssen Sie jedoch kennen, wenn Sie Ihr Projekt erfolgreich durchführen wollen. Aus diesen beiden Gründen sind die Gantt-Diagramme für große oder komplexe Projekte nur bedingt einsetzbar; dies gilt auch für solche Projekte, deren Planung häufig korrigiert werden muss, gerade aufgrund der hohen Ungewissheit in Bezug auf die Vollendung einzelner Schritte. Dennoch hat das Balkendiagramm bedeutende Vorteile und wird oft eingesetzt bei

◆ kleinen Projekten – als ein Planungssystem, das wenig Übung erfordert und wegen seiner klaren visuellen Darstellung leicht verständlich ist,
◆ großen Projekten – in der computergestützten Form, parallel zu Netzplan-Systemen als Kommunikationshilfe.

NETZPLANTECHNIK

Als Netzplantechnik bezeichnet man alle Verfahren zur Planung und Steuerung von Abläufen auf der Grundlage der Graphentheorie (DIN 69900). Sie wurde erstmals in den späten 50er Jahren bekannt und fand bei umfangreichen Projekten wie der Entwicklung der Polaris-Raketen und der Konstruktion großer chemischer Fabriken Verwendung. Seit dieser Zeit ist der Einsatz von Netzplänen in der Projektplanung weit verbreitet und es wurden verschiedene Versionen entwickelt, vor allem um mit einem hohen Maß an Ungewissheit und Komplexität fertig zu werden. Drei Beispiele für diese hoch entwickelten Netzplantechniken sind GERT (Graphical Evaluation and Review Technique), PERT (Programme Evaluation and Review Technique) und VERT (Venture Evaluation and Review Technique). Unsere Aufmerksamkeit gilt jedoch einfacheren Versionen der Netzplantechnik. In erster Linie wollen wir uns mit den beiden ursprünglichen Typen der Netzplantechnik beschäftigen. Beide setzen strukturierte Netzpläne ein, um die Abfolge der Projektaktivitäten und die Verbindungen zwischen ihnen zu beschreiben. Diese Netzpläne

◆ ordnen die jeweiligen Vorgänge so an, dass sie von links nach rechts fließen,
◆ benutzen Pfeile, um den Netzplan zu erstellen und
◆ platzieren Quadrate oder Kreise an den Schnittpunkten oder Knoten dieser Pfeile und
◆ geben an diesen Knoten nähere Informationen.

Jedoch benutzen sie diese Pfeile und Knoten auf unterschiedliche Weise, wie wir noch sehen werden:

◆ Vorgangspfeil- oder P-Netzplan – dieser benutzt einen Pfeil zur Darstellung eines Vorgangs und Kreise für die Knoten, die den Beginn und das Ende eines Vorgangs bezeichnen

| Abb. 18 | Beispiel für einen Vorgangspfeil-Netzplan |

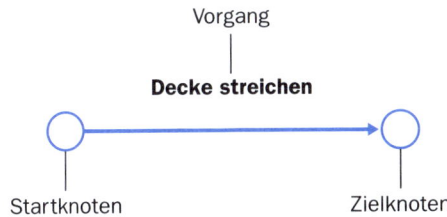

◆ Der Vorgangsknoten- oder K-Netzplan stellt Vorgänge in einem Knoten dar und verbindet Vorgänge untereinander durch Pfeile.

Abb. 19   **Beispiel für einen Vorgangsknoten-Netzplan**

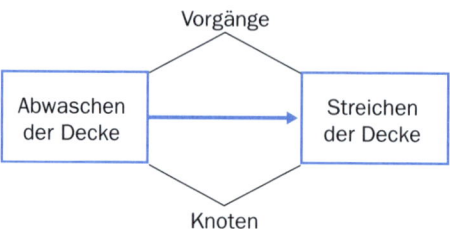

Jede dieser Arten von Netzplänen hat verschiedene Vorteile und Nachteile, die wir uns nun genauer ansehen werden.

Vorgangspfeil- oder P-Netzpläne

Wie Sie oben gesehen haben, besteht der P-Netzplan aus Pfeilen, die die Projektaktivitäten darstellen, und aus Knoten, die den Beginn oder das Ende dieser Vorgänge markieren. Ein Beispiel für einen einfachen Netzplan zeigt das folgende Diagramm, in dem die Vorgänge durch die Buchstaben a, b, c, d und e dargestellt werden und die Knoten mit 1, 2, 3, 4 und 5 nummeriert sind.

Abb. 20   **P-Netzplan**

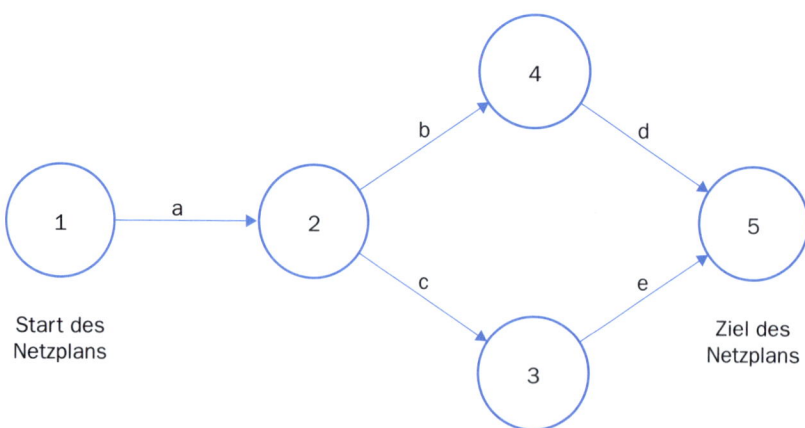

Sieht man sich diesen Netzplan genauer an, erkennt man, dass

◆ der End-Knoten des einen Vorgangs gleichzeitig der Start-Knoten des nächsten Vorgangs ist – deutlich wird dies am Vorgang b, dessen End-Knoten (Nr. 4) der Start-Knoten für Vorgang d ist;
◆ einige der Vorgänge zur selben Zeit ablaufen – wie man an Vorgang b und c sehen kann, die beide beginnen, nachdem Vorgang a beendet ist;
◆ verschiedene Vorgänge können von einem Ereignis ausgehen, so wie die Vorgänge b und c bei Ereignis 2 beginnen und wie die Vorgänge d und e in Ereignis 5 münden.

Aber sagt uns dieser Netzplan alles, was wir wissen müssen? Die Antwort lautet nein, weil er in seiner gegenwärtigen Form nicht über folgende Punkte informiert:

◆ wie lange das Projekt oder nur einer der Vorgänge bis zur Fertigstellung dauern wird,
◆ welche Abfolge von Vorgängen zur kürzesten Fertigstellungsdauer führt bzw. wo der kritische Pfad des Projekts liegt,
◆ ob einer dieser Vorgänge begonnen werden kann, bevor andere Vorgänge abgeschlossen sind, oder ob Vorgänge voneinander abhängen.

Um herauszufinden, wie diese Informationen in den P-Netzplan integriert werden können, müssen noch einmal die anfänglichen Informationen zu diesem Projekt herangezogen werden.

Vorgang	Dauer (in Stunden)	Kann nur fertig gestellt werden nach Beendigung von Vorgang
A	2	–
B	2,75	a
C	3,5	a
D	4	b und c
E	2	c

Mit der Einarbeitung dieser Informationen verändert sich der Netzplan wie in Abbildung 21 dargestellt.

Abb. 21   **P-Netzplan mit Dauer der Vorgänge**

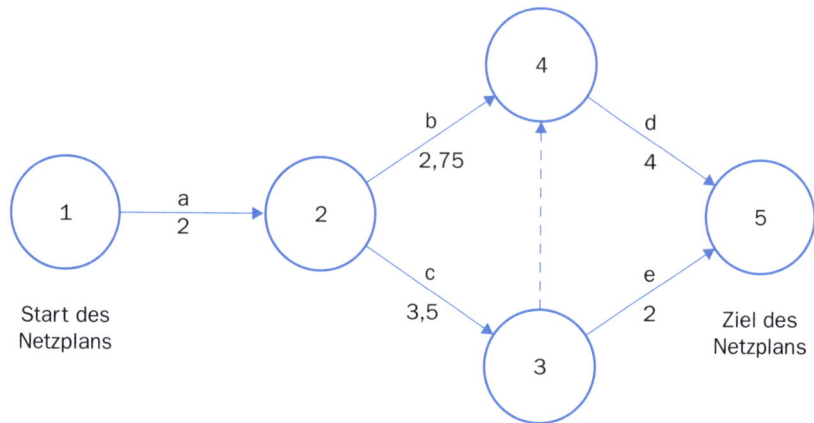

Die gestrichelte Linie („Scheinvorgang" oder „Dummy" genannt) besagt, dass Vorgang d nicht beginnen kann, bevor b und c fertig gestellt sind.

Aber noch immer sind die Informationen unvollständig, weshalb Angaben über den frühestmöglichen Anfangszeitpunkt oder FZ für den Vorgang und über den spätestmöglichen Anfangszeitpunkt oder SZ ergänzt werden müssen.

Die Knoten verändern sich also ein weiteres Mal:

Abb. 22   **P-Netzplan-Knoten**

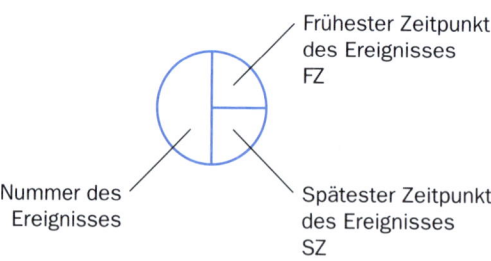

Die Knoten sind wie folgt zu beschriften:

◆ Beginnend mit dem ersten Ereignis muss die Ziffer 0 in das Feld FZ geschrieben werden.

◆ Gehen Sie zu Ereignis Nr. 2, zählen Sie die Dauer für Vorgang a zu dem FZ für Ereignis Nr. 1 hinzu, das ergibt ein FZ von 2 und schreiben Sie dies in das Feld FZ für das Ereignis Nr. 2.

◆ Verfahren Sie mit dem ganzen Netzplan so, indem Sie die Dauer jedes Vorgangs zu dem vorhergehenden FZ hinzuzählen, und schreiben Sie das Ergebnis in das Feld für den FZ.

◆ Wenn Sie ein Ereignis erreichen, bei dem zwei Vorgänge zusammenlaufen, wie bei Nr. 4, schreiben Sie die höhere Zahl in das Feld. Beachten Sie, dass Scheinvorgänge eine Dauer von 0 haben.

◆ Fahren Sie fort bis zum letzten Ereignis und schreiben Sie die errechneten Zahlen sowohl in die FZ- als auch in die SZ-Felder.

◆ Beginnen Sie bei Feld Nr. 5 und gehen Sie den Netzplan in umgekehrter Reihenfolge durch, indem Sie die Dauer des folgenden Vorgangs von der SZ jedes Ereignisses abziehen, und schreiben Sie die errechnete Zahl in das SZ-Feld des Startknotens.

◆ Wenn Sie einen Punkt erreichen, an dem zwei Vorgänge zusammenlaufen, wie bei Nr. 2, schreiben Sie den niedrigeren Wert in das SZ-Feld.

◆ Fahren Sie so fort bis zum ersten Ereignis, an dem Sie nun einen SZ-Wert haben müssten, der der gleiche ist wie der FZ-Wert. Wenn das nicht der Fall ist, haben Sie einen Fehler gemacht – wahrscheinlich an einem Ereignis, wo zwei oder mehr Vorgänge zusammenlaufen.

Die Zahlen, die Sie errechnet haben, ergeben einen Netzplan, der folgendermaßen aussieht:

Abb. 23	Detaillierter P-Netzplan

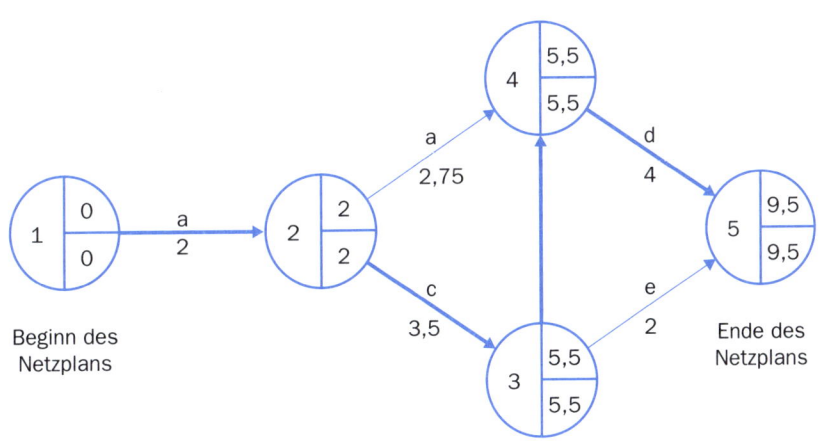

Einige der Pfeile in diesem Netzplan sind fett gedruckt und geben Auskunft darüber, welche Abfolge von Vorgängen die gesamte Dauer des Projekts festlegt, d. h. über den kritischen Pfad des Projekts. Das Projekt benötigt neuneinhalb Stunden zu seiner Fertigstellung.

Bei näherer Betrachtung stellt man jedoch fest, dass Vorgang b, der nach zwei Stunden Laufzeit beginnt, nach 2 + 2,75 = 4,75 Stunden fertig sein könnte, aber nicht fertig sein muss, bevor nicht Vorgang c abgeschlossen ist, d. h. nach 5,5 Stunden. Genauso könnte Vorgang e in 5,5 + 2 = 7,5 Stunden fertig gestellt sein, er muss aber erst nach 9,5 Stunden beendet werden. Diese Differenzen zwischen der benötigten und der zur Verfügung stehenden Zeit wird „Pufferzeit" genannt. Diese Pufferzeit kann der Projektleiter folgendermaßen nutzen:

◆ Verspätung des Starts des jeweiligen Vorgangs – im Fall des Vorgangs e heißt das, dass sein Beginn auf 9,5 – 2 = 7,5 Stunden hinausgezögert werden kann;
◆ oder, bei Nutzung der geplanten Startzeit, die Verlängerung des Vorgangs durch den Einsatz von weniger Personal oder Anwendung einer anderen Methode, bis hin zu einem Maximum von 9,5 – 5,5 = 4 Stunden.

Im vollständigen P-Netzplan wird die Pufferzeit in den Knoten angezeigt wie in der Abbildung 24.

Abb. 24   **Vollständiger Knoten des P-Netzplans**

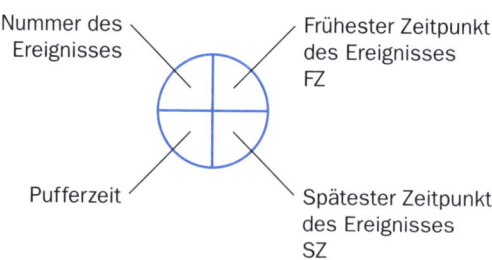

Nummer des Ereignisses

Frühester Zeitpunkt des Ereignisses FZ

Pufferzeit

Spätester Zeitpunkt des Ereignisses SZ

Der daraus folgende Netzplan, dessen kritischer Pfad in fetten Linien dargestellt ist, sieht aus wie in Abbildung 25.

Abb. 25 **Vollständiger P-Netzplan**

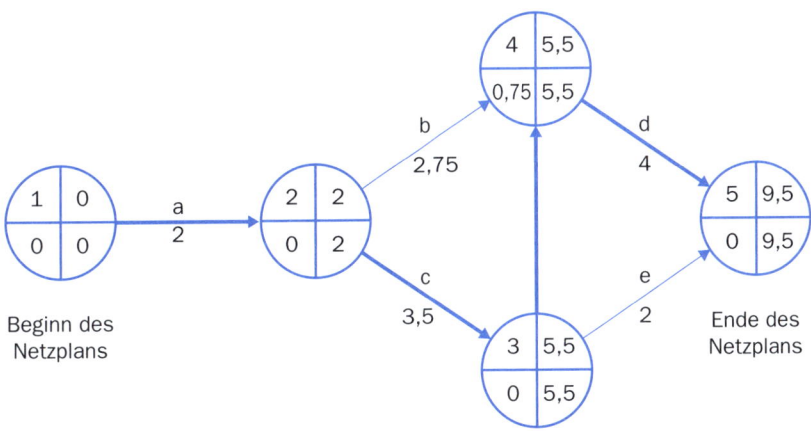

Beginn des
Netzplans

Ende des
Netzplans

Diese P-Netzpläne können auch unter ungewissen Bedingungen eingesetzt werden, um die wahrscheinliche Projektdauer zu schätzen. Zur vollständigen Durchführung bedarf es zwar detaillierter Kenntnissse der statistischen Theorie, aber Sie können diesen Netzplan auch weitestgehend ohne dieses Wissen erstellen, indem Sie die „erwartete Dauer" der Vorgänge abschätzen. Diese kann anhand der folgenden Gleichung errechnet werden:

Erwartete Dauer der Vorgänge = (a + 4m + b) : 6
Wobei a = geschätzte kürzeste Dauer des Vorgangs
       b = geschätzte längste Dauer des Vorgangs
      m = wahrscheinlichste Dauer des Vorgangs

Für den effizienten Einsatz des P-Netzplans braucht man beträchtliches Training und Erfahrung, sowohl aufseiten des Erstellers als auch aufseiten des Benutzers. Er ermöglicht dem Projektleiter – ungeachtet der geringeren optischen Wirkung im Vergleich zum Balkendiagramm –

◆ die Auswirkungen von Veränderungen in der Dauer der Vorgänge herauszuarbeiten, da der Netzplan nicht ganz neu erstellt werden muss, und
◆ die „Harmonisierung" von Ergebnis, Zeit, Kosten und Qualität zu überprüfen

In der computergestützten Form ist der P-Netzplan für umfangreiche Projekte von großem Nutzen und zweifellos die gängigste Technik. P-Netzpläne können, in manueller Ausführung, auch für kleine Projekte eingesetzt werden.

Vorgangsknoten- oder K-Netzpläne

Der K-Netzplan benutzt, wie schon gesagt, Knoten zur Darstellung der Projektvorgänge und Pfeile um ihre Abhängigkeiten anzuzeigen. Das wird deutlich, wenn wir den einfachen Netzplan, mit dem wir die P-Netzpläne illustriert haben, in einen K-Netzplan umwandeln (Abbildung 26).

Abb. 26　**K-Netzplan**

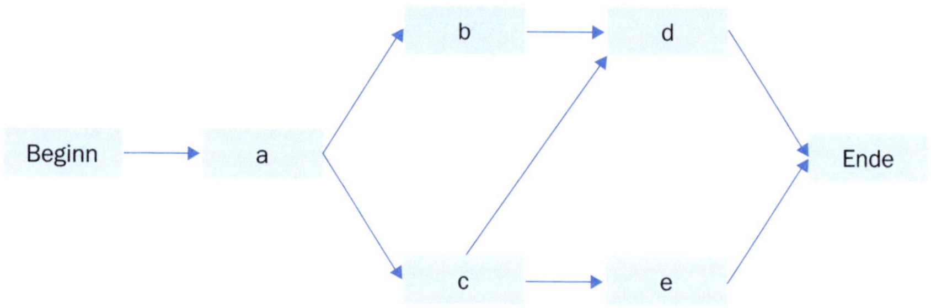

Die Vorgänge sind mit den Buchstaben a, b, c, d und e bezeichnet und durch Vierecke symbolisiert; die Abhängigkeiten, einschließlich des Scheinvorgangs, sind durch Pfeile dargestellt. Beachten Sie, dass der Scheinvorgang des P-Netzplans kein Äquivalent im K-Netzplan hat – Vorgang d ist nur als abhängig von Vorgängen c und b gekennzeichnet. Die Knoten des vollständigen K-Netzplans enthalten die in Abbildung 27 dargestellten Informationen.

Abb. 27　**Knoten des K-Netzplans**

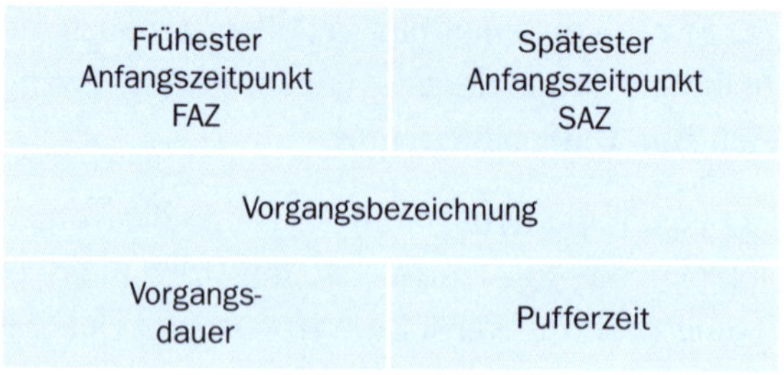

Frühester Anfangszeitpunkt FAZ	Spätester Anfangszeitpunkt SAZ
Vorgangsbezeichnung	
Vorgangs-dauer	Pufferzeit

Die Berechnung des K-Netzplans erfolgt auf die gleiche Weise wie für den P-Netzplan. Der sich ergebende K-Netzplan ist in Abbildung 28 dargestellt, der kritische Pfad ist wiederum mit fetten Linien markiert.

Abb. 28 **Detaillierter K-Netzplan**

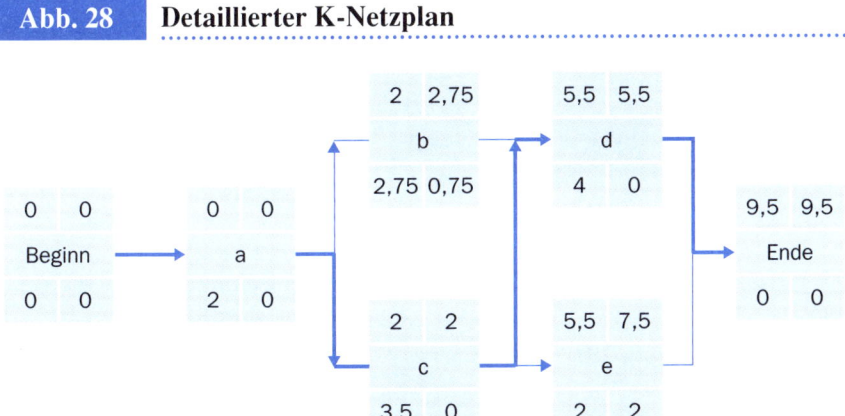

Die Vorteile des K-Netzplanes sind:

◆ seine Fähigkeit, Veränderungen zu berücksichtigen – da nur die zugrunde liegenden Informationen und nicht der ganze Netzplan erneuert werden müssen;
◆ seine Fähigkeit, dem Projektleiter Informationen zu liefern, die gebraucht werden, um Entscheidungen über die gegenseitige Abstimmung der Projektvariablen Zeit, Kosten, Ergebnis und Qualität zu treffen
◆ die Geschwindigkeit, mit der die Computer-Version im Vergleich zu P-Netzplänen läuft.

Seine Nachteile sind:

◆ komplexe Berechnungen und
◆ Netzpläne, die nicht leicht nachzuvollziehen sind.
◆ Für die effektive Nutzung sind beträchtliches Training und Erfahrung nötig.

K-Netzpläne werden überwiegend computergestützt erstellt und für umfangreiche Projekte eingesetzt.

Eine Variante des K-Netzplanes ist der Prioritäten- oder Potential-Netzplan, in dem die Kästen etwas abgewandelte Informationen enthalten, wie Sie in Abbildung 29 sehen können:

Abb. 29   Knoten eines Prioritäten-Netzplans

Frühester Anfangszeitpunkt (FAZ)	Vorgangs-dauer (D)	Frühester Endzeitpunkt (FEZ)
Vorgangsbezeichnung		
Spätester Anfangszeitpunkt (SAZ)	Pufferzeit (P)	Spätester Endzeitpunkt (SEZ)

Diese Knoten können auch auf unterschiedliche Weise miteinander verbunden werden, um die komplexen Zwänge des Netzplans darzustellen; Beispiele dafür finden Sie in Abbildung 30.

Abb. 30   Beispiele für Knoten-Verbindungen der Prioritäten-Netzpläne

Der Anfang von B hängt von der Fertigstellung von A ab.

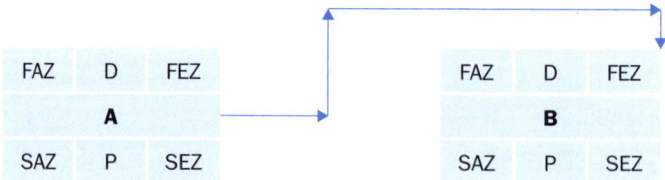

Das Ende von B hängt von der Fertigstellung von A ab.

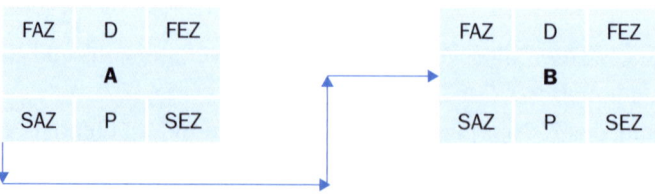

Der Anfang von B hängt vom Beginn von A ab.

Zweifellos erleichtern und verbessern computergestützte K-Netzpläne wie auch Prioritäten-Netzpläne die Planung großer Projekte. Allerdings erfordern sie ein intensives Training der Mitarbeiter.

*R*ESSOURCEN

Bislang haben wir nur die Terminplanung für das Projekt betrachtet sowie die Instrumente, die dafür nötig sind. Nun müssen wir uns mit der Sachmittelplanung beschäftigen. Keiner der besprochenen Projektpläne bezieht allerdings die materiellen Ressourcen mit ein, vielmehr gehen alle davon aus, dass diese verfügbar sind, und zwar in der benötigten Quantität und zur richtigen Zeit.

In der Realität sind Ressourcen jedoch oft an anderer Stelle eingesetzt oder nur in unzureichendem Maße verfügbar. Teilweise ist dieses Dilemma darin begründet, dass – wie wir in Kapitel 2 gesehen haben – sich der Ressourcenbedarf des Projekts im Laufe des Lebenszyklus erheblich ändert, wobei die Anforderungen in der Phase der Durchführung oft höher sind als in früheren oder späteren Phasen. Dies ist jedoch nicht der einzige Grund; die Fehler können auch dadurch entstehen, dass entweder die Mcnge oder die Verfügbarkeit der Ressourcen für das Projekt mangelhaft geplant wurde. Sind beispielsweise durchschnittlich zehn Computerstunden pro Woche vorgesehen, so kann diese Belegzeit für alle Überarbeitungen des Projekt-Netzplanes, die in der Durchführungsphase anfallen, zu kurz bemessen sein. Auch beim Einsatz der Ressourcen können sich Schwierigkeiten ergeben. Beispiele dafür: eine lange Klebstoff-Trockendauer, die nicht beschleunigt werden kann, egal wie viele Heizkörper oder Öfen verfügbar sind, oder die Unmöglichkeit, zehn Männer an einem Tag ein Loch graben zu lassen, für das ein Mann zehn Tage brauchen würde.

Generell können Probleme im Ressourceneinsatz also wegen Knappheit und aus Zeitmangel entstehen. Im Folgenden werden Methoden dargestellt, mit denen Sie diesen Problemen begegnen können.

■ Pufferzeit

An dem P-Netzplan, den wir weiter oben dargestellt haben, wurde deutlich, dass man den Zeitpunkt des Beginns eines Vorgangs variabel festlegen kann, und zwar indem man

◆ den Start des Vorgangs hinauszögert und die ursprüngliche Quantität oder Qualität der Ressourcen beibehält

◆ oder die ursprüngliche Startzeit beibehält, jedoch die Vorgangsdauer verlängert, indem weniger oder andere Ressourcen eingesetzt werden.

Dies sind typische Beispiele für die so genannte Ressourcenanpassung; es bewirkt, dass der Einsatz der Ressourcen eines Projekts weniger Schwankungen unterworfen ist. Dieser Prozess ist so einfach, dass er für kleinere Projekte mit begrenzten Ressourcen manuell durchgeführt werden kann, während computergestützte Systeme in der Regel bei großen oder schwierigen Projekten eingesetzt werden.

Frühere Erfahrungen

Wenn man mit Problemen der Ressourcenzuordnung für ein Projekt „kämpft", fehlt oft die Zeit für eine ausführliche Analyse. Dies gilt ganz besonders für große, starken Veränderungen unterworfene Projekte, bei denen es zu lange dauern würde, alle Optionen zu prüfen, um dann die beste Lösung auszuwählen. Unter solchen Umständen kann man auf gewisse „Faustregeln" (heuristische Regeln) zurückgreifen, die auf Erfahrungen basieren und erwiesenermaßen gute, wenn auch nicht die bestmöglichen Ergebnisse liefern und leicht verständlich und anwendbar sind.

Diese Faustregeln geben im Allgemeinen an, welche Vorgänge, für die Ressourcen gebraucht werden, zuerst erledigt werden müssen. Beispiele dafür:

◆ Erledigen Sie zuerst die Vorgänge auf dem kritischen Pfad.

◆ Erledigen Sie zuerst die Vorgänge, die den Vorgängen auf dem kritischen Pfad unmittelbar vorausgehen.

◆ Erledigen Sie zuerst die Vorgänge, auf denen andere Vorgänge aufbauen.

◆ Erledigen Sie zuerst die Vorgänge mit den höchsten Ressourcenanforderungen.

◆ Erledigen Sie zuerst die Vorgänge mit der kleinsten Pufferzeit.

◆ Erledigen Sie zuerst die Vorgänge, die am wenigsten Zeit beanspruchen.

Diese und andere Faustregeln stellen einfache und realistische Lösungen für Probleme des Ressourceneinsatzes dar, die zudem schnell und kostengünstig angewendet werden können.

COMPUTERGESTÜTZTE PROJEKTPLANUNG

Zweifellos hat die Verfügbarkeit kostengünstiger PCs die Projektplanung radikal verändert. Im letzten Jahrzehnt wurden die für die Projektplanung eingesetzten Computer geradezu revolutioniert: Ein gemächlich arbeitendes und imponierendes Gerät, von Experten und Technikern umschwärmt, hat sich zu einem handlichen und alltäglichen Werkzeug in unseren Büros gewandelt. Projekte, die aus Kostengründen mühevoll manuell geplant wurden, werden nun unter Anwendung von leistungsstarker und komplexer Software von Computern erstellt.

Daher ist eine qualitativ bessere Projektplanung und Durchführung der Projekte möglich.

Dennoch wird es immer Projekte geben, wie beispielsweise den Bau des Kanaltunnels zwischen England und Frankreich in den Jahren 1987 bis 1994, die ihre veranschlagten Kosten bedeutend überschreiten und erst Jahre nach dem geplanten Termin vollendet werden. Liegt das daran, dass selbst durch den Einsatz von Computern keine besseren Projektergebnisse erzielt werden können? Mindestens ein Teil der Antwort lautet, dass erfolglose Projekte oft unklare Zielvorgaben hatten oder dass man ihre hohe Komplexität völlig unterschätzt hat. Der andere Teil der Antwort besagt, dass der Computer ein Werkzeug ist, und dass er, wie es mit allen Werkzeugen ist, nur so gut sein kann wie sein Benutzer.

Wie dem auch sei, Computer sind gerade für die Projektplanung unersetzliche Arbeitsgeräte geworden. Dafür muss man jedoch mit Hardware und Software zweckmäßig und angemessen ausgerüstet sein. In beiden Bereichen bietet der Markt eine Fülle von Produkten an, die allerdings schnellen Veränderungen unterworfen sind. Durch die Fortschritte in der Technologie kommen ständig neue und verbesserte Versionen auf den Markt. Dieses Buch wird nicht versuchen, Ihre Entscheidung für ein bestimmtes Produkt zu beeinflussen. Wir wollen Ihnen jedoch eine Checkliste an die Hand geben, die bei der Klärung Ihres Bedarfs behilflich sein kann. Dieser erste Schritt hin zu einem System, das Ihre Bedürfnisse befriedigt, ist sehr wichtig, was leider im allgemeinen „Run" auf das neueste Modell oft übersehen wird. Denken Sie daran, dass eine schnellere oder umfangreichere Version nicht automatisch besser ist, und fragen Sie immer nach den Namen zufriedener Anwender und nach einer Probeversion, sodass Sie Ihr Urteil sowohl auf eine objektive Meinung als auch auf Ihre eigenen Erfahrungen stützen können.

CHECKLISTE: COMPUTERGESTÜTZTE PROJEKTPLANUNG

1. Projekt

Überdenken Sie sorgfältig die Größe und die Komplexität der Projekte, die Sie zu planen beabsichtigen, und versuchen Sie, deren besondere Merkmale auszumachen. Zum Beispiel:

■ Umfassen sie mehr als 100 Arbeitsvorgänge oder viele Ressourcen?

■ Gibt es einen hohen Grad an Ungewissheit in Bezug auf die Dauer der Vorgänge?

■ Werden Sie den Plan oft auf den neusten Stand bringen müssen?

■ Werden Sie Außenstehende gut informieren müssen?

■ Wenn ja, bis zu welchem Detaillierungsgrad?

■ Benötigen Sie Unterstützung für die Ressourcenplanung?

2. Software

Rufen Sie sich Ihre Erfahrungen in der Projektplanung ins Gedächtnis und versuchen Sie, die Charakteristika der dafür erforderlichen Planungs-software festzulegen. Zum Beispiel:

■ Welche Art von Netzplan möchten Sie gerne ausführen können?
 – P-Netzpläne?
 – K-Netzpläne?
 – Balkendiagramme?
 – alle?

■ Welche Maximalzahl von Arbeitsvorgängen und Knoten wollen Sie in den Griff bekommen?

■ Legen Sie auf Benutzerfreundlichkeit wert (Menüführung, Hilfen etc.)?

■ Welchen Zeitrahmen muss die Software verarbeiten können?

■ Welche Einschränkungen in Bezug auf die Identifizierung der Vorgänge und/oder Knoten werden Sie akzeptieren?

■ Wollen Sie, dass die Software in der Lage ist,

- den Ressourceneinsatz zu planen?
- Kosten zu erfassen?
- Subprojekte zu planen?

■ Welche Art von Berichten erwarten Sie?

■ Benötigen Sie ein lesbares, jedoch umfassendes Handbuch?

■ Benötigen Sie Softwareunterstützung?

3. Hardware

Vielleicht sind Computer und Drucker, auf denen Ihre Software laufen kann, schon vorhanden. Dann vergewissern Sie sich, dass Sie Ihr System kennen, seine Geschwindigkeit, seine Festplattenkapazität, seine RAM-Größe und das Betriebssystem. Überprüfen Sie, ob es mit der Software, die Sie gern benutzen würden, kompatibel ist, bevor Sie Ihre Wahl endgültig treffen. Wenn Sie die Möglichkeit haben, Hardware auszuwählen, bedenken Sie Folgendes:

■ Mit welcher Hardware und mit welchen Systemen sind Sie schon vertraut?

■ Was brauchen Sie und was wünschen Sie sich?

■ Welche Leistungsfähigkeit muss der Drucker hinsichtlich Auflösung, Seiten pro Minute, Betriebskosten etc. haben?

■ Brauchen Sie zusätzlich noch einen Plotter?

ZUSAMMENFASSUNG

■ Ein Projektplan ermöglicht die Umsetzung von Zielvorgaben in konkrete Realität.

■ Ein erfolgreicher Projektplan kann nur durch die Kenntnisse und Fähigkeiten der Mitarbeiter mit Leben erfüllt werden.

■ Der erste Schritt bei der Erstellung eines Planes ist die Auflistung folgender Punkte:
  – benötigte Aktivitäten,
  – Anfangs- und Endtermine,
  – benötigte Mitarbeiter und Ressourcen.

■ Projektpläne sind beispielsweise:
  – Balkendiagramme,
  – P-Netzpläne,
  – K-Netzpläne.

■ Jeder Plan hat Vor- und Nachteile.

■ Bei kleinen Projekten werden Balkendiagramme oder P-Netzpläne eingesetzt.

■ Bei großen oder komplexen Projekten werden P- oder K-Netzpläne angewendet.

■ Der Einsatz von Ressourcen kann geplant oder gemanagt werden durch
  – Ausgewogenheit in der Nutzung,
  – Faustregeln (heuristische Regeln).

■ Computer sind der Schlüssel für die Planung großer und komplexer Projekte.

Projektleitung

ÜBERBLICK

Für den Projekterfolg ist ein erfolgreicher Projektleiter erforderlich.
Dieses Kapitel beschäftigt sich mit den Anforderungen an den
Projektleiter sowie seinem Einfluss auf den Erfolg des Projekts.

ZIELE

Am Ende dieses Kapitels haben Sie ein besseres Verständnis für
- die Rolle des Projektleiters,
- seine Qualifikationen und Fähigkeiten einschließlich der
  Fähigkeit zu
  - Kommunikation,
  - Motivation,
  - Organisation,
  - Führung,
  - Entscheidungsfindung.

PROJEKTE UND PROJEKTLEITER

Ein Projekt ist ein Bündel von Aktivitäten, die auf ein einmaliges Ziel ausgerichtet sind. Diese Aktivitäten ereignen sich jedoch nicht spontan – sie beziehen Menschen mit ein, und diese Menschen müssen zu diesem Ziel hingeführt, angetrieben, gebeten, überredet und motiviert werden. Auch die Ressourcen, die benötigt werden, tauchen nicht unvermutet aus dem Nichts auf – ihre „Ankunft" (und „Abreise") muss sorgfältig arrangiert, geplant und gemanagt werden. Oft muss das Projekt selbst gegen Eingriffe von „politischer" Seite und gegen Intrigen, die von innen kommen, sowie gegen Störungen von außen verteidigt werden.

Dies und vieles andere liegt in der Verantwortung des Projektleiters. Unter einem Projektleiter stellt man sich meist einen ehrgeizigen Einzelkämpfer vor, der sich selbst genauso wie andere unerbittlich antreibt, um seine Ziele zu erreichen. Eine andere, mitunter ironisch gemeinte Sicht dieser Position und der Grund für ihre Besetzung mag in Fähigkeiten liegen wie

◆ großer organisatorischer Erfahrung,
◆ Erfahrungen mit unternehmensinternen „Machenschaften",
◆ bewiesener Fähigkeit, die Geschäftsführung zufrieden zu stellen,
◆ ein guter „Team-Player" zu sein,
◆ Verfügbarkeit zur „richtigen" Zeit,
◆ dem Ruf, „Wunder" vollbringen zu können.

Aber tatsächlich ist die Rolle eines Projektleiters kein einträglicher Ruheposten und auch kein Rückzugsgebiet für ausgebrannte Manager. Diese Funktion ist höchst anspruchsvoll und aufregend sowie von großem Einfluss auf den Erfolg des Projekts. Ein guter Projektleiter kann ein „todgeweihtes" Projekt in ein dynamisches, wachsendes Vorhaben umwandeln, ein schlechter Projektleiter hingegen macht aus den Hoffnungen und Wünschen eines anderen eine Abfolge langweiliger Routinetätigkeiten.

Die Daseinsberechtigung für die Position des Projektleiters liegt in der Fähigkeit, ein Projekt erfolgreich zum Ziel zu führen; und wer für diese Rolle ausersehen wurde, hat entweder diese Fähigkeit bereits unter Beweis gestellt oder verfügt eindeutig über die Qualifikation dazu. Wie Sie in Kapitel 2 gesehen haben, muss in der Ausübung dieser Funktion für die Bedürfnisse des Auftraggebers, des Projekts und des Projektteams ein Mittelweg gefunden werden.

Dabei ist jederzeit die Integrität des Projekts zu gewährleisten, was die Fähigkeit einschließt, Meinungsverschiedenheiten und Rivalitäten auszuschalten, die dem Fortgang des Projekts schaden könnten. Desgleichen muss der Projektleiter in der Lage sein schnell die Probleme zu lösen, die sich im Laufe des Projekts ergeben, und sein Team zu führen und zu motivieren. Dies alles macht deutlich, dass die Funktion eines Projektleiters eine außergewöhnliche Mischung von Qualifikationen voraussetzt.

PROJEKTLEITER, TEAMS UND SPEZIALISTEN

Projektleiter führen oft ein Team mit Spezialisten. Ein Projektteam für ein neues Bürogebäude könnte sich beispielsweise aus Bauingenieuren, Heizungs- und Belüftungstechnikern zusammensetzen.

Für die Produktion von Broschüren über Herzerkrankungen müssen im Team medizinisches Wissen, schreiberische Fähigkeiten, drucktechnisches Know-how und Erfahrungen in der Kostenkontrolle vertreten sein.

In beiden genannten und allen anderen Projektteams muss der Projektleiter in der Lage sein, das Vertrauen der Spezialisten zu gewinnen und zu verstehen, was sie sagen oder schreiben; er muss mit ihnen kommunizieren können und diese Gruppe von Spezialisten zu einem Team vereinen.

Unerfahrene Projektleiter glauben oft, dass sie ein ebenso großes Spezialwissen haben müssten wie die Experten, aber das stimmt nicht. Jedoch muss der Projektleiter so weit einen Einblick in die Materie haben, dass er die richtigen Fragen stellen kann und die Antworten darauf versteht.

EIN RUHIGES ODER EIN LUSTIGES LEBEN?

Inzwischen ist es wohl offensichtlich, dass die Position eines Projektleiters weder für Amateure geeignet ist noch für solche, die ein ruhiges Leben anstreben. Sie ist anspruchsvoll und lohnend und sie braucht Fähigkeiten, Training und Erfahrung, wenn sie effektiv ausgeführt werden soll. Vergleicht man die Funktion des Projektleiters mit der eines Managers im Tagesgeschäft, dann erkennt man, dass der Projektleiter eher integrieren als spalten muss, eher Mittel bereitstellen als überwachen soll und ein begabter Generalist sein sollte, der ganzheitlich denkt.

Diese Unterschiede sind gravierend und der erfolgreiche Projektleiter wird seine Fähigkeiten durch sein Verhalten unter Beweis stellen. Beispiele dafür beziehen sich auf

◆ geschäftliche, wirtschaftliche und finanzielle Fragen – das Streben nach kommerziellem Erfolg; das Ausnutzen von Gelegenheiten, die Ausgaben wieder hereinzuholen; erfolgreiche Verhandlungen mit dem Auftraggeber; Eingehen kalkulierter Risiken etc.;

◆ projektplanerische Aufgaben und Projektfortschritt – alle Aufgaben definieren; die Planung des Ressourceneinsatzes, Festlegung von Zielen und Terminen; Probleme erkennen und schnell darauf reagieren; Druck auf Lieferanten ausüben etc.;

◆ Fragen der Zusammenarbeit – wie effektive Kommunikation; Pflege guter Beziehungen zum Team und zum Auftraggeber; Verstehen und Akzeptieren von Meinungen und Verhaltensweisen anderer, Vertrauen anderer gewinnen etc.

Wenn der Projektleiter ein Projekt erfolgreich leitet, dann ist er für den Fortschritt und die Kontrolle des Projekts verantwortlich und hat eine klare Vorstellung seiner eigenen Ziele und der anderer.

Um diese Ziele zu erreichen, muss der Projektleiter

◆ das Projekt geschickt leiten können,

◆ eindeutig und unmissverständlich mit allen, die am Projekt beteiligt sind, kommunizieren können,

◆ die benötigten Ressourcen, Mitarbeiter und Informationen so organisieren, dass sie verfügbar sind, wenn sie gebraucht werden,

◆ die Handlungen und Gedanken des Projektteams motivieren können und

◆ Entscheidungen schnell und effektiv treffen können.

Bevor wir uns diese Punkte im Einzelnen genauer ansehen, sollen Sie herausfinden, wie Sie sich selbst als Projektleiter einschätzen, indem Sie den folgenden Fragebogen ausfüllen:

WIE GUT SIND SIE ALS PROJEKTLEITER?

Kreisen Sie unter jeder der folgenden Überschriften die Zahl ein, die Ihrer Art Projekte zu leiten am nächsten kommt; addieren Sie dann alle Werte.

1. Führungsstil

| Ich führe mein Team immer auf die gleiche Weise. | 1 2 3 4 5 6 7 | Ich versuche den Führungsstil anzuwenden, der dem Team und dem Projekt am besten entspricht. |

2. Kommunikation

| Ich sage den Menschen, was ich denke. | 1 2 3 4 5 6 7 | Ich höre anderen zu und andere hören mir zu. |

3. Organisation

| Die Dinge ergeben sich in der Regel von selbst. | 1 2 3 4 5 6 7 | Die Mitarbeiter müssen wissen, was sie wann und wie tun sollen. |

4. Motivation

| Wir bezahlen sie – ist das nicht genug? | 1 2 3 4 5 6 7 | Ich sehe die Teammitglieder als kreative Problemlöser. |

5. Entscheidungskraft

| Ich lasse die Probleme sich selbst lösen. | 1 2 3 4 5 6 7 | Ich entscheide schnell und anhand der Information, die ich habe. |

Auflösung:

 5–15 Punkte: Sie scheinen Probleme zu haben

15–25 Punkte: Gut gemacht – an der niedrigen Punktzahl sehen Sie, wo Sie noch an sich arbeiten müssen

25–35 Punkte: Entweder können Sie über Wasser gehen – oder Sie sind nicht ehrlich.

PROJEKTLEITER UND FÜHRUNGSSTIL

Projektleiter führen Teams mit Mitarbeitern, die

◆ entweder auf Vollzeit- oder auf Teilzeitbasis in das Projekt eingebunden sind,
◆ nur solange Mitglieder des Teams sind, wie ihre Fähigkeiten und Kenntnisse für das Projekt gebraucht werden,
◆ nur für die Dauer des Projekts Mitglieder des Teams sind,
◆ von anderen Abteilungen oder Funktionen „ausgeliehen" sind,
◆ Karriere in einem anderen Bereich des Auftrag gebenden Unternehmens machen wollen.

Bei der Auswahl des Teams ist der Projektleiter einzubeziehen um sicherzustellen, dass die erforderlichen Fähigkeiten vertreten sind; am Ende des Projekts begleitet er die Wiedereingliederung der Teammitglieder in andere Positionen. Über den Führungsprozess wurde viel geschrieben und die Ansichten über das „Wer", „Was" und „Wie" einer erfolgreichen Führung haben sich im Lauf der Zeit verändert. Nach herkömmlicher Meinung musste man als Führungspersönlichkeit geboren sein – diese Eigenschaft war nicht erlernbar – und man musste über ganz bestimmte Charaktereigenschaften verfügen. Man glaubte, dass jemand, der dem entsprach, auch in der Lage wäre zu führen – jede Gruppe in jeder Situation. Jahrzehntelange ausgedehnte Forschung ignorierte es, eine Begründung für diese elitäre Sichtweise von Führung zu geben und hat es nicht vermocht, bedeutende Qualitäten und Charakteristika auszumachen, die allen Führungspersönlichkeiten gemein sind. Im Kern besteht Führung in der Fähigkeit, Gedanken und Handlungen anderer zu beeinflussen; und dies zu tun gibt es wirksame und weniger wirksame Wege. Eigene Erfahrungen lehren uns doch, dass wir leichter eingehen auf Menschen, die aufmerksam, freundlich und aufgeschlossen sind, als auf solche, die unaufmerksam, abweisend und verschlossen sind.

Autoren, die sich mit Führung auseinander setzten, haben zahlreiche Möglichkeiten ausgemacht, durch die andere zu beeinflussen sind, und fast ebenso viele, wenn nicht gar mehr Möglichkeiten, dies zu beschreiben. Viele solcher Beschreibungen beispielsweise über autokratischen oder demokratischen Führungsstil, sind weit gefasst und verallgemeinernd, andere hingegen, die den integrativen oder pragmatischen Führungsstil behandeln, sind leichter auf das alltägliche Verhalten anzuwenden. Einige Möglichkeiten, andere zu beeinflussen, sind im Folgenden dargestellt.

Abb. 31	**Bandbreite der Führungsstile**

Absolute Vollmacht	Rücksprache	Gemeinsame Vollmacht
Anordnung	Überzeugung	Delegation
Führung kontrolliert	Gemeinsame Kontrolle	Gruppenkontrolle

Es ist vielleicht nicht überraschend, dass ungeachtet der vielen Studien Forscher nicht in der Lage waren, den optimalen Führungsstil herauszufinden. Diese Studien besagen, dass andere Faktoren wie die Situation, das Wesen der jeweiligen Aufgabe und die Art, wie die Mitarbeiter geführt werden wollen, einen genauso großen Einfluss haben wie der Führungsstil. Unsere eigenen Erfahrungen bestätigen dies, wenn wir bedenken, wie verschieden unsere Reaktionen auf einen Vorgesetzten beispielsweise in einer Auseinandersetzung oder unter ganz alltäglichen Arbeitsbedingungen im Büro sind.

Es wird deutlich, dass erfolgreiche Führung dann gegeben ist, wenn der Führungsstil die Bedürfnisse der vorgegebenen Aufgabe wie auch die Bedürfnisse der Arbeitsgruppe berücksichtigt.

Das bedeutet, dass es den „richtigen" Führungsstil nicht gibt – nur Optionen, die in bestimmten Gruppen mit bestimmten Aufgaben besser funktionieren. Diese Sicht deckt sich mit der gegenwärtig vorherrschenden Auffassung, dass Führung eher auf Förderung der Eigenverantwortlichkeit der Mitarbeiter als auf „Chef-Allüren" beruht. Sie deckt sich auch mit dem wachsenden Bewusstsein, wie wichtig die Beiträge der Mitarbeiter sind.

Akzepziert man diese Sicht von Führung – und es gibt gute Gründe dafür –, dann ist die „richtige" Art ein Projekt zu führen eine Frage der Einschätzung. Wenn diese Einschätzung jedoch das Ziel – ein erfolgreiches Projekt – erreichen soll, muss sie eine Anzahl von Faktoren mit einbeziehen, nämlich die Art des Projekts, die Zusammensetzung des Projektteams und seine Erfahrungen, die Erfahrungen des Projektleiters und des Projektteams sowie den Kosten- und Termindruck.

Im Grunde genommen geht es bei erfolgreicher Projektleitung um die Produktion von Ergebnissen, und zwar dann, wenn sie benötigt werden.

PROJEKTLEITER UND KOMMUNIKATION

Unter den Fähigkeiten, die ein Projektleiter braucht, ist die Kommunikations-fähigkeit gar nicht hoch genug einzustufen. Projektleiter verbringen einen großen Teil ihrer Zeit damit, mit anderen zu kommunizieren. Dieser Kommunikations-prozess besteht aus Erklären, Informieren, Verkaufen und Überzeugen anderer. Viele Menschen sind davon betroffen: die Geschäftsführung des Auftrag gebenden Unternehmens, die Lieferanten, die Mitglieder des Projektteams, Gewerkschaftsfunktionäre, Behörden und viele andere.

Der Kommunikationsprozess wird oft als ein einseitiger Prozess angesehen – man teilt jemandem etwas mit oder man hört jemandem zu. Aber tatsächlich ist jede Kommunikation als ein Dialog zu verstehen. Auch wenn der Projektleiter seinem Team Anweisungen erteilt, gibt dieses Team, selbst wenn es nicht spricht, dem Projektleiter ein Feedback. Dieses nonverbale Feedback äußert sich als Körpersprache, und zwar im Gesichtsausdruck der jeweiligen Personen, wie sie stehen oder sitzen und ob sie den Projektmanager anschauen. Daraus kann der Vortragende erkennen, ob man seine Äußerungen gehört und vor allem auch verstanden hat und was die Teammitglieder über die Äußerungen denken (oder über den Projektleiter).

Diese Zwillingselemente – Botschaft und Rückmeldung – sind unabdingbar für den Kommunikationsprozess, ohne sie gibt es keine Kommunikation im eigentlichen Sinne. Der Projektleiter kommuniziert, so wie wir alle, wann immer er an jemanden schreibt, zu jemandem spricht, oder jemanden anschaut. Kommu-nikation geschieht fast immer um das Denken oder Handeln anderer zu beein-flussen. Der Projektleiter beispielsweise will

◆ ein Mitglied des Projektteams instruieren, einen Fortschrittsbericht vorzube-reiten,
◆ dem Auftraggeber über den Fortschritt des Projekts berichten,
◆ Informationen über die Kosten eines potenziellen Lieferanten bekommen,
◆ alle Teammitglieder zu Höchstleistungen anspornen.

Alle diese Punkte schließen den Akt der Kommunikation ein und man kann kommunizieren, indem man das Medium des geschriebenen Wortes benutzt, wie in Briefen, Memos und Berichten, oder das des gesprochenen Wortes, wenn man miteinander telefoniert. Und man kann, wie gesagt, durch Gesten, Bewegungen, Tonfall, Körperhaltung und Blicke kommunizieren.

Wenn die Kommunikation des Projektleiters wirksam sein soll, dann muss sie

◆ über ein Mittel erfolgen, das sowohl den Umständen als auch dem Inhalt der Aussage angemessen ist;
◆ berücksichtigen, dass andere
   – nicht den gleichen Jargon oder die gleiche Sprache benutzen,
   – vom Projektleiter räumlich entfernt sind,
   – nicht in der Lage sind, die Botschaft zu empfangen.

Beispielsweise könnte eine Nachricht mit wichtigen Daten für einen technischen Spezialisten im Projektteam

◆ schriftlich fixiert sein – sodass die Information fehlerfrei weitergegeben wird und eine Aufzeichnung dieser Nachricht existiert;
◆ den angemessenen technischen Jargon verwenden – sodass die technischen Belange vermittelt werden;
◆ in einem Stil verfasst sein, der der Beziehung zwischen dem Projektleiter und dem Spezialisten Rechnung trägt, wie beispielsweise „Lieber Hans" etc.

Eine Nachricht jedoch, die dem Mitarbeiter des Projekts mitteilt, er solle die Lieferanten besuchen, soll

◆ verbal sein – sodass die Nachricht schnell gesendet und empfangen werden kann, schnell ankommt und dem Inhalt Rechnung trägt;
◆ im Stil nicht förmlich sein – um die Beziehung zwischen dem Projektleiter und dem Mitarbeiter zu berücksichtigen;
◆ ausgesprochen werden, wenn der Projektleiter und der Mitarbeiter miteinander sprechen können.

Diese und andere Formen der Kommunikation bleiben wirkungslos, wenn sie

◆ in einer lauten oder schlecht beleuchteten Umgebung stattfindet – in der sich Menschen schlecht hören oder sehen können;
◆ eine unangemessene Sprache oder ungeeignete Medien benutzt – sodass sie sich gar nicht oder missverstehen;
◆ die Rückmeldung nicht zur Kenntnis nimmt.

Kommunikationsfähigkeit ist ein Muss für alle Projektleiter: Sie müssen im Umgang mit gesprochener wie mit geschriebener Sprache geübt sein, d. h. sich angemessen mitteilen wie aufmerksam zuhören können. Wirksame Kommunikation ist unerlässlich für den Erfolg eines Projekts.

*P*ROJEKTLEITER UND ORGANISATION

Organisationsfähigkeit ist eine andere Fertigkeit, die ein Projektleiter braucht, um den Erfolg eines Projekts zu gewährleisten. In Kapitel 4 haben wir beschrieben, wie die Beziehung des Projektteams zum Auftraggeber strukturiert werden kann, und wir kamen zu dem Schluss, dass dafür nicht nur Urteilsvermögen erforderlich ist, sondern auch Wissen, was in der Vergangenheit funktioniert hat, Einsicht in die Art des Projektergebnisses, in die Risiken, Kosten, Dauer und die erforderliche spezielle Technologie und das Know-how.

Ebenso haben wir gesehen, dass die ersten und wichtigsten Schritte bei der Organisation eines Projekts darin bestehen, die folgenden Aufgaben zu regeln:

◆ Projektauftrag,
◆ Definition der Aufgaben und Zuständigkeiten,
◆ Projektabrechnung,
◆ Kontrolle der Änderung des Projektauftrags.

Gut organisierende Projektleiter führen Projekte, die über Folgendes verfügen:

◆ klar definierte und verständliche Ziele und Unterziele;
◆ einen detaillierten und verständlichen Plan;
◆ Prioritäten, die
  – von allen Beteiligten verstanden werden,
  – klar sind und
  – im Laufe des Projekts beachtet werden.

Diese Projekte verfügen auch über Systeme und Abläufe, die dem Projektteam und den Vertragspartnern die wirksame und konsequente Regelung und Kontrolle ihrer Aktivitäten ermöglichen. Oft werden diese Prozeduren in einem Projekthandbuch beschrieben; sie betreffen die Art des Vertrages (Pauschalhonorar, Ratenzahlung oder erstattungsfähige Kosten), die Auswahl und Kontrolle der Vertragspartner, anzuwendende Methoden der Terminplanung sowie Abrechnungsverfahren.

Diese Abläufe sollten jedoch nicht im Befehlston oder im Hinblick auf eine gründliche Kontrolle festgehalten werden. Sie sollten vielmehr den Teammitgliedern eine solide Basis für ihre Initiative und ihr freies Ermessen geben, worin der Projektleiter eine Schlüsselrolle spielt – oft in einer sehr frühen Phase Projekt-Lebenszyklus.

Wie gut ein Projektleiter organisieren kann, erweist sich oft in den Meetings. In einem erfolgreichen Projekt konzentrieren sich diese auf die Überprüfung des Fortschritts (s. Kapitel 12), die Vereinbarung zukünftiger Aktivitäten und die Festlegung von Verantwortlichkeiten und dienen nicht als Foren für Entschuldigungen, Erklärungen oder Ausreden. Gute Projekt-Meetings sind

◆ vom Projektleiter geführt,
◆ zielbewusst,
◆ halten sich an die festgelegte Tagesordnung und
◆ werden in kurzen Protokollen festgehalten, die Folgendes dokumentieren:
  – vereinbarte Aktivitäten,
  – wer für diese Aktivitäten verantwortlich ist,
  – Ziel und Termin für die Fertigstellung dieser Aktivitäten;
◆ auf eine maximale Dauer von 1,5 Stunden begrenzt,
◆ von maximal 10 Teilnehmern besucht und
◆ nach Meinung der Teilnehmer nützlich und informativ.

Schlechte Projekt-Meetings sind
◆ unkonzentriert oder ohne klare Ziele,
◆ von zu vielen Teilnehmern besucht,
◆ zu lang,
◆ laufen ohne Tagesordnung oder Protokoll ab
◆ werden als Zeitverschwendung angesehen
◆ werden von jemandem geleitet, der weder entsprechende Fähigkeiten noch Vollmachten besitzt.

Die Organisationsfähigkeiten eines Projektleiters lassen sich oft an kleinen Details eines Projekts ablesen, wie beispielsweise daran, dass es für ein Meeting eine Tagesordnung gibt, anhand derer der Verlauf des Meetings überprüft werden kann, bzw. einen Kalender, um in einem frühen Stadium des Projekts die Termine für zukünftige Treffen festzulegen. Gerade die Qualität dieser kleinen Dinge ist es, die dem Projekt entweder zum Erfolg verhelfen oder es zu Fall bringen.

PROJEKTLEITER UND MOTIVATION

Die Frage, was Menschen zur wirksamen Ausführung ihrer Arbeit motiviert, ist nicht leicht zu beantworten. Früher nahm man an, dass jemand umso mehr arbeitete, je besser er entlohnt wurde; dabei drehte es sich um Dinge wie Gehaltshöhe, Akkordzuschläge, Pensionen und zusätzliche Sozialleistungen des Arbeitgebers wie Krankenversicherung, Firmenwagen und Weiterbildung. Jedoch gibt keiner dieser Faktoren, sei er an Bedingungen geknüpft oder nicht, die vollständige Antwort auf diese Frage. Zweifellos ist das Geld, das wir für unsere Arbeit bekommen, wichtig, aber Menschen haben nicht nur wirtschaftliche, sondern auch noch andere Bedürfnisse. Auch Abraham Maslow war dieser Ansicht.

Er ging von der Annahme aus, dass alle Menschen danach trachten, ausgefüllt und glücklich zu sein und dass die Arbeit ein Mittel ist, dies zu erreichen. Weiterhin sagt er, dass alle Menschen fünf grundsätzliche Arten von Bedürfnissen haben. Diese Bedürfnisse können so angeordnet werden, dass ihr Einfluss auf uns sichtbar wird. Dieser Einfluss ist, nach Maslow, am stärksten, wenn solche Bedürfnisse unbefriedigt sind.

| Abb. 32 | Bedürfnispyramide |

Physisches und psychisches
Wohlergehen

Kreativität und Erfüllung

Ansehen, Prestige, Anerkennung

Liebe, Zuneigung, Sorge, Arbeit in homogenen Gruppen

Ordnung, Sicherheit, Schutz vor Risiken und Bedrohungen

Nahrung, Wärme, Wasser

Selbstverwirklichung

Respekt und Bewunderung

Zuneigung und Bindung

Schutz und Sicherheit

Physiologische Gesundheit

Aus diesem Diagramm kann man ersehen, dass das Bedürfnis nach Wärme, Nahrung, Wasser und Schutz befriedigt werden muss, bevor man nach der Befriedigung „höherer" Bedürfnisse sucht wie Sicherheit des Arbeitsplatzes, Prestige und Gestaltungsfreiheit. Jedoch wird der Grad des Einflusses der Bedürfnisse oft von unseren früheren Erfahrungen bestimmt. Jemand, der lange Zeit Grundbedürfnisse wie angemessene Nahrung, Wärme und Wasser entbehren musste, wird deren Erfüllung über alle anderen stellen und begrenzte Erwartungen in Bezug auf „höhere" Bedürfnisse haben. Ähnlich ergeht es einer Person mit einem großen Bedürfnis nach Kreativität; dessen Erfüllung wird sie über alles andere stellen und konsequenterweise geringe Ansprüche an Ansehen, Zuneigung, sogar Schutz und Nahrung haben.

Wie hilft nun dieses Bild bei der Beantwortung der Frage, was die Menschen zur erfolgreichen Ausübung ihrer Arbeit motiviert? Zwar macht man es sich zu leicht, wenn man diese einfache Bedürfnisstruktur bedingungslos auf die komplexe alltägliche Lebensrealität anwendet, aber man erhält doch einige grundlegende Informationen, nämlich, dass die sozialen und kreativen Bedürfnisse der Menschen genauso befriedigt werden müssen wie die nach Nahrung, Wärme, Schutz und Sicherheit.

Der Projektleiter, der diese anderen, „höheren" Bedürfnisse ignoriert, tut dies auf eigene Gefahr. Ein kluger Projektleiter ermöglicht den Mitgliedern seines Teams, ihre eigene Arbeit zu planen und zu kontrollieren und bezieht sie in die Entscheidungen, die diese Arbeit betreffen, mit ein.

Der Projektleiter muss es verstehen, alle, die am Projekt beteiligt sind, zu motivieren, besonders aber die Mitglieder des Projektteams. Das Wesen dieser Teams, ihre Arbeitsweise und ihren Beitrag zum Projekt werden wir in Kapitel 7 noch genauer betrachten.

Zunächst ist festzuhalten, dass der Projektleiter sein Team vor allem dadurch zu höheren Leistungen motiviert, dass er die Rolle jedes Einzelnen erweitert (Job Enlargement) oder aufwertet (Job Enrichment). Job Enlargement bedeutet Pflichten und Verantwortlichkeiten auszudehnen. Das hieße beispielsweise für einen Elektroingenieur, ihm zusätzlich die Verantwortung für die Projektcomputer zu übertragen. Job Enrichment bedeutet zugleich die Ausdehnung von Pflichten auf Bereiche, die für den Mitarbeiter eine Herausforderung darstellen, etwa wenn der Assistent des Projektleiters die Befugnis zur Vertragsgestaltung oder Pflege der Beziehungen zum Auftraggeber erhält.

Es ist eine Binsenweisheit: Hoch motivierte Leute leisten gute Arbeit; und dafür zu sorgen ist eine vorrangige Aufgabe des Projektleiters.

PROJEKTLEITER UND ENTSCHEIDUNGSFINDUNG

Wir treffen Entscheidungen um Probleme zu klären und zu lösen, die umstritten, zweifelhaft oder unsicher sind. Alle Manager sind in Entscheidungsprozesse eingebunden; dabei kann es sich um Ressourcen handeln mit der Frage „Wie viel geben wir dafür aus?" Oder es geht um taktische Fragen wie zum Beispiel „Wann führen wir unser neues Produkt ein?" Oder es betrifft Menschen, Veränderungen, Verhandlungen; oder Nebensächlichkeiten – Kaffee oder Tee? – oder Entscheidungen von erheblicher Tragweite: „Soll man die neue Fabrik bauen oder nicht?" Probleme dieser Art zu lösen gehört zum Alltagsgeschäft eines jeden Managers.

Der Projektleiter hat zusätzliche Entscheidungen zu treffen: dazu zählen die Auswahl der Mitarbeiter für das Projekt, die Festlegung von Prioritäten, das Bestellen geeigneter Ausrüstung, die Planung für den reibungslosen zeitlichen Ablauf – und all dies im Zeitrahmen des Projekts und unter gebührender Beachtung der Auswirkungen auf die Schlüsselbereiche, nämlich Zeit, Geld, Ausführung und Qualität.

Entscheidungen werden von Einzelnen oder von Gruppen getroffen. Dabei beeinflussen Größe und Zusammensetzung der Gruppe sowohl die Qualität der Entscheidung als auch die Akzeptanz durch diejenigen, die sie umzusetzen haben.

Die Entscheidungen innerhalb eines Projekts trifft entweder der Projektleiter allein oder zusammen mit dem Auftraggeber oder nachdem er sich mit anderen beraten hat. Oder es entscheidet das Projektteam unter seiner Leitung.

Ein unerlässlicher Bestandteil jeder Entscheidungsfindung ist die Information. Idealerweise stehen alle benötigten Informationen zur Verfügung, wenn eine Entscheidung zu treffen ist.

Der Prozess der Entscheidungsfindung hat folgende Phasen:

◆ Identifizierung des Problems: „Was essen wir heute abend?"
◆ Identifizierung der Ziele: „Schneller Snack oder Drei-Gänge-Menü?"
◆ Sammlung und Analyse der Informationen: „Was haben wir im Kühlschrank?" oder „Was ist noch in der Tiefkühltruhe?"
◆ Suche nach Alternativen: „Bohnen auf Toast" oder „Curry-Garnelen"
◆ Auswahl der Alternative: „Bohnen auf Toast"
◆ Duchführung: Brot abschneiden, Toaster einschalten, Dosenöffner suchen etc.

In der Realität hat der Projektleiter diese Entscheidungen zu treffen, obwohl er keine ausreichenden oder nur unzuverlässige Informationen hat. Die Beschränkungen hinsichtlich der Zeit und der Kosten können auch bedeuten, dass das Beschaffen dieser Informationen im Verhältnis zum potenziellen Nutzen entweder zu lange dauert oder zu teuer würde. Unter solchen Umständen ist der Projektleiter gezwungen, sich für eine mittelmäßige an Stelle der besten Lösung zu entscheiden. Dies kann anhand des folgenden Prozesses geschehen:

◆ Identifizierung des Problems: „Was essen wir heute abend?"
◆ Identifizierung des Minimalziels: „Warmes Essen."
◆ Sammlung der begrenzten verfügbaren Information: „Wir haben noch eine Büchse Bohnen, ein halbes Brot, gefrorene Curry-Garnelen und ein bisschen kaltes Roastbeef."
◆ Identifizierung der Möglichkeiten, die mit diesen Informationen realisierbar sind: „Bohnen auf Toast" oder „Curry-Garnelen".
◆ Analyse, bis das oben genannte Minimalziel erreicht ist: „Bohnen auf Toast".

Dieser Prozess führt zwar nicht zur optimalen Entscheidung, aber er macht schnelle Entscheidungen auf der Grundlage unvollkommener Informationen möglich. Verschiedene andere Techniken für die Lösung dieses Dilemmas sind in Kapitel 10 beschrieben; sie können sowohl von Gruppen als auch von einzelnen Personen angewendet werden. In Kapitel 3 haben Sie gesehen, wie anhand eines Rankings eine Entscheidung darüber getroffen werden kann, welches Projekt durchgeführt werden soll; diese Methode kann ebenso gut auf andere Entscheidungen angewendet werden.

Welche Methode auch angewendet wird, der Projektleiter muss in der Lage sein, – häufig unter Druck – Entscheidungen zu treffen. Dies trägt wesentlich zum Projekterfolg bei.

ZUSAMMENFASSUNG

■ Mit dem Projektleiter steht und fällt der Erfolg eines Projekts.

■ Seine Hauptaufgabe besteht darin, die Zielvorgaben des Projekts zu erfüllen.

■ Die Aufgabe des Projektleiters stellt hohe Ansprüche und erfordert eine seltene Mischung besonderer Kenntnisse und Fähigkeiten.

■ Der Projektleiter muss in der Lage sein
 – zu integrieren anstatt zu spalten,
 – eher Mittel bereitzustellen als zu überwachen,
 – als begabter Generalist ganzheitlich zu denken;

■ Projektleiter müssen in der Lage sein,
 – Teams zu führen und zu motivieren,
 – zu kommunizieren,
 – die benötigten Ressourcen, Mitarbeiter und Informationen zu organisieren und
 – Entscheidungen zu treffen.

Projektteam

ÜBERBLICK

Ein schlagkräftiges Projektteam bietet die beste Gewähr für den Erfolg jedes Projekts. Dieses Kapitel beschäftigt sich mit den Merkmalen von Projektteams und ihrem Beitrag zum Projekterfolg.

ZIELE

Am Ende dieses Kapitels haben Sie ein besseres Verständnis für

– die Merkmale von Projektteams,

– das, was sie tun,

– die Unterschiede zwischen Teams und Gruppen,

– den Einfluss der Teamgröße, die Reifung des Teams, sein Verhalten und Teammitgliedschaft und

– den Beitrag der Teams zum Projekt.

TEAMS

Im vorhergehenden Kapitel haben Sie gesehen, dass ein erfolgreicher Projektleiter Integrationsfähigkeit besitzt, in der Lage ist, andere zu befähigen, zu führen und zu motivieren, dass er kommunizieren kann, Organisationstalent hat und Entscheidungsfreude besitzt. Eine Person zu finden, die alle diese Fähigkeiten aufweist, ist nicht leicht. Haben Sie diesen Menschen dennoch entdeckt, müssen Sie sein Interesse an Ihrem Projekt wecken und ihn davon überzeugen für Sie zu arbeiten. Selbst wenn diese Bedingungen erfüllt sind, kann er immer noch krank werden, unter den sprichwörtlichen Bus kommen oder Sie verlassen, um für jemand anderen zu arbeiten.

Angesichts derartiger Schwierigkeiten versteht man, warum in unseren Unternehmen Teams so beliebt sind. Ein effektives Team ist unabhängig von den Fähigkeiten oder der Präsenz Einzelner – es kann auf die Fähigkeiten aller seiner Mitglieder zurückgreifen und sie zu einem großen Ganzen zusammenführen. Teams sind in der Lage zu wachsen und sich neuen Ansprüchen anzupassen und sie können sich zusammenfinden, wenn sich die Mitglieder bewegen. Wir alle haben irgendwann die Erfahrung gemacht, wie es ist, in einem erfolgreichen Team mitzuarbeiten – entweder auf dem Sportplatz oder bei der Arbeit – und es hat sich erwiesen, dass ein gutes Team Berge versetzen kann. Es hat sich aber auch gezeigt, dass die Entstehung solcher Teams dem Glück des Zufalls zu verdanken ist, dass sie gut arbeiten und dann auf geheimnisvolle Art zerbrechen und im Streit auseinander gehen.

In diesem Kapitel werden wir beschreiben, was ein Team ist, wie es arbeitet und – der wichtigste Punkt –, welchen Beitrag ein Team zum Projekterfolg leistet.

WAS IST EIN TEAM?

Der Begriff „Team" kann ganz verschiedene Zusammenschlüsse von Menschen bezeichnen. Ein gebräuchliches Beispiel ist die Umschreibung als Versammlung von Menschen, die ihre individuellen Anstrengungen vereinigen um Fußball, Handball, Volleyball zu spielen oder andere Sportarten zu betreiben. In einem anderen Zusammenhang verwenden Unternehmen diesen Begriff um Gruppen zu beschreiben, die in derselben Abteilung oder Bereich arbeiten und die normalerweise in dieselben Arbeitsprozesse eingebunden sind. Mit dem Begriff „Team" kann man kleine Gruppen von Menschen beschreiben wie beispielsweise in einer Partnerbeziehung, oder große Gruppen von Menschen wie beispielsweise in einer Sport- oder Arbeitssituation. Für die meisten dieser Teams gilt, dass

◆ ihre Mitglieder festgelegte Funktionen haben, wie „Torwart" oder „Mannschaftsführer"

◆ sie konstruktiv und produktiv arbeiten; Stichworte dafür sind „Teamgeist", „Teamwork" und „Teamplayer".

Ein Beispiel dafür sind die Mitglieder der Qualitätszirkel in den Unternehmen, die zum Prozess der kontinuierlichen Verbesserung von Arbeitsabläufen und Produkten beitragen. Nicht immer sind die Ergebnisse der Bemühungen eines Teams positiv; die Verhaltensweisen innerhalb der Teams können auch negative Folgen haben, beispielsweise die Initiative und Kreativität Einzelner innerhalb wie außerhalb des Teams verhindern, unterdrücken oder übergehen. Teams können ein internes soziales Klima mit eigenem Gruppenbewusstsein, Irrtümern und Illusionen entwickeln. Teams, die sich so verhalten, wird oft nachgesagt, dass sie an „Gruppendenken" leiden – eine Fehlentwicklung, die oft dazu führt, dass sie Zeit und Geld verschwenden und den Betroffenen der Sinn für die Realitäten des Alltags abhanden kommt. Ein bekanntes Beispiel für diese Art von Fehlfunktion eines Teams war die misslungene Invasion in der Schweinebucht in Kuba 1961. Das Team der Kennedy-Regierung, das für dieses Projekt zuständig war, entwickelte einen Plan, der auf einem vermeintlichen Konsens und auf Annahmen beruhte, die nie ernsthaft infrage gestellt worden waren. Das Ergebnis war bekanntlich ein vollkommenes Desaster.

Ungeachtet seiner Mängel ist das Team jedoch in jedem Unternehmen zu finden. Der Grund dafür ist einfach: Das Team ist hervorragend geeignet, die Eigenverantwortlichkeit der Mitarbeiter zu fördern. Davon profitieren sowohl das jeweilige Unternehmen insgesamt wie auch jedes einzelne Projekt.

WAS MACHT EIN TEAM?

Weiter oben haben wir gesehen, dass der Begriff „Team" zahlreiche Arten von Versammlungen und Kollektiven umschreibt, die sich mit den unterschiedlichsten Aktivitäten befassen:

◆ Informationsteams. Sie tragen Informationen zusammen und erarbeiten Vorschläge und Empfehlungen. Beispiele dafür sind Studienkreise, Qualitätszirkel, Teams von Unternehmensberatern.

◆ Produktionsteams. Sie erstellen Produkte und Dienstleistungen. Beispiele sind Herstellungsabteilungen, Gerüstbau-Teams, Sozialarbeiter-Teams o. Ä.

◆ Führungsteams. Sie organisieren und führen Mitarbeiter und Ressourcen. Beispiele dafür sind Unternehmensvorstände, Aufsichtsräte und Projektteams.

Ungeachtet der Unterschiede haben alle diese Teams Gemeinsamkeiten: die Mitglieder streben ein gemeinsames Ziel an und kooperieren miteinander, um dieses Ziel zu erreichen.

Trifft das nicht auch auf die Gruppe zu? Befragen wir dazu ein Lexikon: In einer typischen Definition erfahren wir, dass eine Gruppe eine Ansammlung von Menschen ist, die sich

◆ in enger physischer Nähe zueinander befinden – wie in einer Gruppe von Pendlern oder in einer Gruppe von Wettläufern;

◆ auf eine bestimmte Art und Weise ähnlich sind – wie in einer Gruppe von Mitgliedern einer Internet-Newsgroup oder in einer Gruppe von Hochschulprofessoren.

Ein Team hingegen ist ein Zusammenschluss von Menschen, die im Rahmen ihrer beruflichen Tätigkeit oder in einer anderen Initiative zusammenarbeiten. In Studien über Gruppen und Teams werden folgende Unterschiede angeführt:

◆ Gruppenmitglieder verfolgen einen gemeinsamen Zweck, führen individuelle Aktivitäten aus, erarbeiten individuelle Ergebnisse und üben Einfluss aus.

◆ Teammitglieder verfolgen einen gemeinsamen Zweck, handeln kooperativ und erarbeiten kollektive Ergebnisse und festgelegte, messbare „Team-Produkte".

Außerdem besagen diese Studien, dass die Führung in Teams generell weniger formal ist, oft geteilt wird und im Team wechseln kann, während Gruppen oft einen Leiter haben, der formal ernannt wurde, oder sich informell entwickelt hat. Teams werden oft so eingeschätzt, als führten sie ungeordnete, nie endende Problemlösungsdebatten, während Gruppen gut organisierte Meetings veranstalten, die die Arbeit an andere, häufig außerhalb der Gruppe, delegieren.

Nun wird deutlich, dass eine der typischen Qualitäten von Teams die Fähigkeit ist, sich die Anstrengungen, Qualifikationen und die Kreativität aller Mitglieder zunutze zu machen, und zwar im Hinblick auf die Erreichung eines gemeinsamen Ziels. Deshalb können Teams wesentlich zum Erfolg des Projekts beitragen. Dieses Potenzial lässt sich aber nur optimal nutzen, wenn das Team die richtige Größe und die richtigen Mitglieder hat.

KLEINE ODER GROSSE TEAMS?

Wir haben schon gesehen, dass die Mitgliederzahl von Sportteams variiert von elf in der Fußball-Mannschaft bis zwei im Tennis-Doppel und diese Bandbreite vergrößert sich noch, wenn wir die Teams in unseren Unternehmen anschauen. Verkaufsteams beispielsweise können aus 30 Vertretern bestehen und die Teams, die für große Projekte eingesetzt werden, haben oft bis zu 20 Mitglieder. In der Regel ist die Teamgröße vom Personalbedarf des jeweiligen Vorhabens abhängig.

In großen Teams ist nicht immer gewährleistet, dass die Mitglieder störungsfrei miteinander kommunizieren und dass Problemlösungen gefunden sowie Entscheidungen getroffen werden, die alle gemeinsam erarbeitet haben. Denn oft wird die Entfaltung weniger durchsetzungsfähiger Mitglieder von einer dominanten Minderheit behindert. Der Vorteil gegenüber kleineren Teams besteht jedoch in dem größeren Pool an Know-how und Erfahrungen, aus dem sie schöpfen können. Dagegen profitieren kleinere Teams davon, dass die Verständigung untereinander leichter ist, sodass jeder Einzelne seine Ideen einbringen kann, was wiederum dem Arbeitsergebnis zugute kommt. Bei der Entscheidung über die richtige Größe eines Projektteams sind folgende Punkte zu bedenken:

◆ die Anforderungen des Projekts an sich,
◆ der höhere Grad an Fähigkeiten und Erfahrung, der in einem größeren Team zusammenkommt,
◆ der höhere Grad an Einbindung und Engagement, der sich in einem kleineren Team entwickeln kann.

Im Lauf der Jahre sind viele Teams erforscht worden mit dem Ergebnis, dass es zweckmäßig ist, die Teamgröße auf 10 Teilnehmer zu beschränken. Umso offensichtlicher ist, dass in Projekten, bei denen auf die Einbindung der Mitglieder Wert gelegt wird, die Teamgröße auf fünf bis sieben begrenzt werden sollte. Will man die Anstrengungen, die Fähigkeiten und die Kreativität aller Teammitglieder auf das gemeinsame Ziel ausrichten, ist es sinnvoll, die Größe des Projektteams auf sechs bis acht Mitglieder zu beschränken. Deshalb empfiehlt sich für große

Projekte oder solche mit hohem Personalbedarf eine besondere Organisationsform dergestalt, dass man einem Hauptteam mehrere miteinander verbunden so genannte Satelliten-Teams unterordnet. Diese werden von Mitgliedern des Hauptteams geleitet, die auch für den ungehinderten wechselseitigen Informationsfluss verantwortlich sind. Mit der Größe des Teams allein ist es aber bei weitem nicht getan: Auch die „Chemie" muss stimmen.

DIE „CHEMIE" IM TEAM

Teams können eine angenehme Arbeitsumgebung bieten, manchmal sind sie aber auch schwierig und unerfreulich; komplizierte und nicht immer verständliche Einflüsse bestimmen dann die Atmosphäre. Zur Bildung eines erfolgreichen Projektteams muss man mit diesen Faktoren vertraut sein.

■ Reifung des Teams

Teams sind dynamische Organismen, die sich verändern und entwickeln im Lauf ihrer Lebensdauer. In den frühen Phasen eines Teams sind sich die Mitglieder fremd, auf die Handlungen der anderen und die Anforderungen der Aufgabe reagieren sie eher individuell als koordiniert, indem sie auf ihre früheren Erfahrungen zurückgreifen.

Im Lauf der Zeit werden Differenzen zwischen Einzelnen immer offensichtlicher und es entstehen Konflikte. Nach und nach jedoch spielt sich das Team ein und die Mitglieder beginnen Engagement für die gemeinsame Aufgabe zu entwickeln. Nachdem ein Grundstock an gemeinsamen Erfahrungen aufgebaut ist, festigen sich die Rollen im Team und die Zusammenarbeit wird zunehmend effektiver. Wenn die jeweilige Aufgabe schließlich beendet ist, löst sich das Team auf.

In jeder dieser Phasen hat das Team eine andere Arbeitsatmosphäre und eine andere Produktivität. In der Konfliktphase zum Beispiel ist die Atmosphäre im Team angespannt und unproduktiv. Hat das Team jedoch diese widrige, aber unvermeidliche Phase hinter sich, wird die Atmosphäre in der nächsten Phase konstruktiv, produktiv und kooperativ.

Teamverhalten

Die Art, wie sich Menschen innerhalb eines Teams verhalten, unterscheidet sich im Grunde nicht von ihrem Verhalten außerhalb. Wie wir in Kapitel 6 gesehen haben, werden Verhaltensweisen von vielfältigen Bedürfnissen beeinflusst, deren Auswirkungen ziemlich kompliziert und uns oft gar nicht bewusst sind. Und so richtet sich das Verhalten im Team nach der Aufgabe und/oder es wird durch das Verhalten der anderen Teammitglieder bestimmt.

Wir treffen beispielsweise Entscheidungen, geben und suchen Informationen und Ansichten, stimmen anderen zu und vertreten eine andere Meinung – alles in der Absicht, die Aufgabe zu Ende zu bringen. Wir werden andere ermutigen, Vorteile aus ihnen ziehen, sie attackieren, Anerkennung von ihnen suchen, uns gegen das verteidigen, was wir als Angriff empfinden, und uns sogar zeitweise aus der Gruppe zurückziehen – alles als Reaktion auf das Verhalten der anderen Teammitglieder.

Die Erwartungen, die Teammitglieder an das Verhalten anderer stellen, werden oft als Standards oder Normen des Teams bezeichnet. Jedes Team hat andere Normen, die selten schriftlich festgehalten und meist nicht einmal ausgesprochen werden. Diese Erwartungen entwickeln und verändern sich, so wie sich das Team verändert, und der soziale Druck auf den Einzelnen kann sehr stark sein. Wer diesen Normen nicht entspricht, wird vom Rest des Teams unter Druck gesetzt und schlimmstenfalls aus der Gemeinschaft ausgeschlossen. Dieser Anpassungsdruck darf nicht unterschätzt werden – er kann selbst starken Persönlichkeiten ein Gefühl der Ohnmacht vermitteln, er kann aber genauso sicherstellen, dass weniger durchsetzungsfähige Teammitglieder genügend Raum zur Äußerung ihrer Ansichten bekommen.

Teammitglieder

In vielen Unternehmen werden die Teammitglieder nach den Fähigkeiten ausgewählt, die sie für ihre tägliche Arbeit brauchen, also nicht danach, was sie im Team leisten könnten. Oder es werden Menschen in Teams berufen, weil

- ◆ mit ihnen leicht auszukommen ist,
- ◆ sie tun, was man ihnen sagt,
- ◆ sie nicht aufmucken und
- ◆ genauso denken wie derjenige, der sie auswählt.

Jedoch wird unter solchen Voraussetzungen niemals ein Team zustande kommen, das wirklich effizient ist.

Für ein erfolgreiches Team müssen alle Mitglieder über Fähigkeiten verfügen, die über ihr Spezialwissen hinausgehen, oder sie müssen Eigenschaften mitbringen, die für das gesamte Team eine Bereicherung darstellen. Alle Teammitglieder müssen beispielsweise

◆ Entscheidungen treffen können,
◆ Probleme lösen können,
◆ mit anderen Teammitgliedern kooperieren können und
◆ Kommunikationstalent aufweisen.

Die Aufgabe, sich in ein Team zu integrieren, ist für niemanden leicht – der Betroffene muss einen Teil seiner Individualität aufgeben, um zum Erfolg des großen Ganzen beizutragen –, aber man kann sie durchaus erfüllen. Erfahrungsgemäß begünstigt es den Integrationsprozess, wenn man die Funktionen des Teams gezielt auswählt und besetzt. Diese Funktionen haben zu tun mit

◆ der Entwicklung von Ideen,
◆ der Entschärfung von Konflikten und Spannungen,
◆ dem Bemühen um Vereinbarungen,
◆ der Förderung des Team-Konsenses,
◆ der Abklärung von Zielen und dem Erstellen von Tagesordnungen und
◆ der Funktion als Team-Analytiker.

Ein erfolgreiches Team besteht aus einer Mischung unterschiedlicher Charaktere, wodurch sichergestellt ist, dass die verschiedenen Aufgaben abgedeckt werden. Dies wird in einem Team erreicht, das nicht von einem einzelnen Mitglied abhängig ist, ausreichend Flexibilität und Anpassungsfähigkeit besitzt und in der Lage ist, Ergebnisse zu produzieren.

Die Mitglieder Ihres Teams können Sie mithilfe der unterschiedlichsten Informationen auswählen: z. B. welche Leistungen sie in anderen Teams erbracht haben, wie sie auf Trainings- und Weiterbildungsprogramme reagiert haben, was ihre (ehemaligen) Chefs über sie denken, mit Persönlichkeitstests.

In der Auswahl der Teammitglieder liegt der Erfolgsschlüssel. Ohne die richtige Mischung von Qualifikationen, Fähigkeiten und Erfahrungen wird das Team nicht in der Lage sein zum Erfolg des Projekts beizutragen. Mit der richtigen Mischung werden die Ergebnisse jedoch über das hinausgehen, was die Summe der Fähigkeiten der einzelnen Mitglieder verspricht.

PROJEKTTEAM

Das Team hat in Bezug auf das Projektmanagement eine Schlüsselrolle. Die Effizienz, mit der Aktivitäten, Entscheidungen und Ergebnisse des Projektteams durchgeführt werden, hängt ganz davon ab, wie die Projekt-Inputs, nämlich Informationen, Mitarbeiter und Ressourcen, eingesetzt werden.

Dies wirkt sich auch darauf aus, wie der Projektleiter die oft widerstreitenden Bedürfnisse des Auftraggebers, des Projekts und des Projektteams ausgleichen kann. An anderer Stelle in diesem Kapitel wurde deutlich, dass sich Teams von Gruppen unterscheiden und als Fokus starker Kräfte wirken, die auf gemeinsame Zielen hinarbeiten.

Auf den ersten Blick sieht es jedoch so aus, als würde die Zusammensetzung des Projektteams durch die Erfordernisse und die Art der Aufgabenstellung des Projekts festgelegt. Beispielsweise braucht man für ein neues Trainingsprogramm über Projektmanagement für das mittlere Management ein Team, das über Mitarbeiter mit Fähigkeiten und Kenntnissen auf folgenden Gebieten verfügt:

◆ das Thema, hier Projektmanagement;
◆ die Bedürfnisse des Auftraggebers, hier das für mittlere Manager erforderliche Wissen über Projektmanagement;
◆ wie das Programm zu erstellen ist, sodass es diesen Bedürfnissen des Auftraggebers gerecht wird, hier Entwicklung einer Programmstruktur, Entwicklung des Programmmaterials und Entwicklung der visuellen Hilfsmittel für das Programm;
◆ wie das Programm zu vermarkten ist, hier Adressen für Mitglieder der Zielgruppe, Mailing-Aktionen und Werbung;
◆ wie das Programm zu verwalten ist, hier Registrierung der Teilnehmer, Gebührenzahlung, Informationsmaterial, Drucken und Kopieren;
◆ wie das Programm durchzuführen ist, hier pädagogische Fähigkeiten, Glaubwürdigkeit bei den Kunden etc.

Dieses, wie alle anderen Projektteams beansprucht jedoch noch Fähigkeiten, die über die hinausgehen, welche die Mitglieder aus ihren sonstigen Funktionen mitbringen; sie müssen entscheidungsfreudig sein, Probleme lösen können, über soziale Kompetenz verfügen und vor allem bereit sein, diese Fähigkeiten in das Projekt einzubringen. Die meisten Bücher über Projektmanagement schenken der Frage, wie das Projektteam funktioniert, nur wenig Beachtung, und behandeln stattdessen die formalen Strukturen, die Organisation des Teams und seine Beziehungen zum Auftraggeber, zu Lieferanten und anderen. Es ist nur konsequent und nicht weiter überraschend, dass in den meisten Projektteams die funktionalen Bedürfnisse des Projekts im Mittelpunkt stehen. Ihre Mitglieder sind oft gute Ingenieure oder exzellente Sozialarbeiter, Krankenschwestern oder Verwalter; selten sind Projektteams dagegen mit Menschen besetzt, die sowohl in ihrer normalen Funktion als auch in ihrer Rolle als Teammitglied gut sind.

Es kann gar nicht genug betont werden, wie wichtig es ist, dass ein ausgewogenes und integriertes Projektteam seine Mitglieder einspannen kann für die Erschaffung eines Ganzen, das größer ist als die Summe seiner Teile. Ein Projektteam mit dieser Befähigung überwindet gewaltige Schwierigkeiten, besteht Kraftproben und Widerwärtigkeiten und stellt den Erfolg des Projekts sicher. Benutzen Sie folgenden Fragebogen, mit dem Sie ihr Projektteam einschätzen können.

WIE GUT IST IHR PROJEKTTEAM?

Unter jeder der folgenden Überschriften kreisen Sie die Zahl ein, die der Art, wie Ihr Projektteam agiert, am nächsten kommt, und zählen Sie dann alle Werte zusammen.

1. Ziele

Ziele sind nicht offensichtlich. 1 2 3 4 5 6 7 Ziele sind klar und deutlich definiert.

2. Entscheidungen

Entscheidungen werden nicht getroffen. 1 2 3 4 5 6 7 Entscheidungen werden übereinstimmend getroffen.

3. Team-Ressourcen

Die Beiträge sind begrenzt und abweichende Meinungen werden nicht geäußert. 1 2 3 4 5 6 7 Jeder ist voll engagiert und effektiv eingesetzt.

4. Führung

Es gibt keine eindeutige Führung. 1 2 3 4 5 6 7 Die beste Person für die Aufgabe hat die Führung.

5. Team-Prozess

Der Art, wie wir die Dinge   1 2 3 4 5 6 7   Wir versuchen immer,
erledigen, wird keine   bessere Wege der Zusam-
Aufmerksamkeit zuteil.   menarbeit zu finden.

Auflösung

  5–15 Punkte: Dies scheint eher eine Gruppe als ein Team zu sein.
15–25 Punkte: Gut – besprechen Sie Ihre Einschätzung mit dem Rest
                          des Teams und benutzen Sie die Ergebnisse, um die
                          Zusammenarbeit zu verbessern.
25–35 Punkte: Überprüfen Sie, ob der Rest des Teams mit Ihrer
                          Einschätzung übereinstimmt – wenn ja, sind Sie entweder
                          ein erstklassiges Team oder Sie leiden alle an Gruppen-
                          denken.

ZUSAMMENFASSUNG

■ Ein gutes Projektteam ist eine notwendige Voraussetzung für ein
  erfolgreiches Projekt.

■ Die Mitglieder dieses Teams
  – verfolgen eine gemeinsame Absicht,
  – agieren kooperativ,
  – erarbeiten kollektive Ergebnisse und
  – entwickeln festgelegte, messbare Team-„Produkte".

■ Erfolgreiche Teams haben normalerweise zwischen sechs und acht
  Mitglieder, höchstens zehn.

■ Teams sind nicht statisch – sie entwickeln sich, verändern sich.

■ Die Arbeitsatmosphäre und die Produktivität unterscheiden sich in den
  verschiedenen Phasen eines Projekts.

■ Teammitglieder sollten ausgewählt werden aufgrund
  – ihrer funktionalen Fähigkeiten,
  – ihrer Entscheidungsfreudigkeit und ihrer Problemlösungsfähigkeit und
  – ihrer Fähigkeit mit anderen Teammitgliedern zusammenzuarbeiten.

Kostenplanung

ÜBERBLICK

Geld ist das „Herzblut" aller Projekte. Dieses Kapitel wirft einen Blick darauf, wie der Finanzbedarf von Projekten geplant und budgetiert wird und zum Erfolg des Projekts beiträgt.

ZIELE

Am Ende dieses Kapitels haben Sie ein besseres Verständnis dafür,
– wie die Projektkosten geplant werden können,
– wie sich die Genauigkeit dieser Kostenplanung im Verlauf des Lebenszyklus eines Projekts verändert und
– wie Projektbudgets erstellt werden und wofür sie eingesetzt werden.

*F*FINANZBEDARF

Der Gebrauch von Geld hat seine Ursprünge in der frühen Geschichte der Menschheit und gehört zu allen zivilisierten Gesellschaften. Immer noch haben Münzen und Noten, die wir als Geld benutzen, an sich einen geringen Eigenwert; ihr Wert für uns liegt in ihrem Einsatz als Tauschmittel. Wir tauschen Geld für Nahrung, Häuser, Autos, Kleidung, Ferien und Bücher und wir tauschen unsere Zeit, unsere Fähigkeiten und Möglichkeiten für das Geld, das wir als Lohn oder Gehalt beziehen. Geld betrifft fast jeden Aspekt unseres Lebens und macht nahezu alles möglich. Sein Vorhandensein ermöglicht es uns auszusuchen, was wir tun, wann wir es tun und wofür wir es verwenden.

Sprichwörter und Redensarten illustrieren die Macht des Geldes:

◆ „Geld ist Macht."
◆ „Zeit ist Geld."
◆ „Geld ist die Wurzel allen Übels."

In Projekten ist die Macht des Geldes nicht geringer als sonst im Leben und Geld ist eine einzigartige und besondere Ressource, die jeden Aspekt des Projekts betrifft. Das nötige Geld versetzt uns in die Lage, Ausrüstung, Werkzeuge und Materialien, die wir benötigen, zu leihen oder zu erwerben. Finanzielle Mittel sind auch eine Voraussetzung dafür, dass die richtigen Mitarbeiter mit den erforderlichen Fähigkeiten und Möglichkeiten verfügbar sind, wenn wir sie brauchen.

Bei Geldmangel läuft man Gefahr, dass Material fehlt, wenn man es benötigt, oder dass nicht genügend Personal und Ausrüstung bereitstehen, um die geplanten Aufgaben auszuführen. Geld versetzt uns in die Lage, Projekte zu planen, Projektteams zusammenzustellen und die erforderliche Ausrüstung zu kaufen oder auszuleihen, das Material zu kaufen, das wir brauchen um die Ergebnisse des Projekts zu erarbeiten.

Kurz: Ohne Geld kein Projekt. Jedoch ist die bloße Tatsache, dass Geld vorhanden ist, nicht unbedingt eine Garantie für den Erfolg eines Projekts; es muss sichergestellt sein, dass genug davon zur Verfügung steht um den Erfordernissen des Projekts gerecht zu werden, und dass es verfügbar ist, wenn es benötigt wird. Dieses Kapitel betrachtet, wie wir diese Erfordernisse erfüllen können, indem wir eine Kostenplanung und ein Budget für unser Projekt festlegen.

SCHÄTZUNGEN UND ANNAHMEN

Wenn man den Wert eines Objekts schätzt, unterstellt man diesem Objekt einen Wert und dies geschieht normalerweise anhand eines Vergleichs mit ähnlichen oder identischen Objekten, deren Wert bekannt ist. Ähnlich verhält es sich, wenn man abschätzt, wie lange man bis zum Abschluss einer Aufgabe braucht: Man vergleicht diese mit ähnlichen oder gleichen Aufgaben, die früher bearbeitet wurden. Diese Schätzungen beruhen jedoch nicht nur auf Vergleichen; vielmehr müssen auch Informationen, die über diese Aufgabe zur Verfügung stehen, sowie die Umstände, unter denen sie durchgeführt wird, beurteilt werden. Wenn man beispielsweise weiß, dass eine Aufgabe doppelt so umfangreich ist wie die vorherige: Verdoppelt man dann automatisch die Stundenzahl oder berücksichtigt man, dass durch die Wiederholung die Aufgabe schneller erledigt werden kann? Wenn man die Kosten für den Druck eines Buches schätzen will: Legt man die Kosten für das zuletzt produzierte Buch zu Grunde und setzt als Faktor die neue Seitenzahl ein? Oder berücksichtigt man folgende Fakten: die Papierkosten pro Seite sinken, wenn mehr davon gekauft wird, und die Druckkosten steigen nicht proportional zur Seitenzahl, sondern das Teuerste ist das Einrichten der Druckmaschine.

Je nachdem, wie geschickt man diese und andere Dinge beurteilt, ergeben sich erhebliche Differenzen in Bezug auf die Genauigkeit der Kostenplanung und letztlich auf die Verfügbarkeit des Geldes, das man für den Erfolg des Projekts braucht. Erfolgreiche Projekte basieren auf Schätzungen, welche die Ziele und Ergebnisse des Projekts berücksichtigen sowie die Aktivitäten, die nötig sind, diese Ziele zu erreichen, und die Kosten für vergleichbare Aktivitäten.

Wie wir jedoch in Kapitel 2 gesehen haben, ändern sich die Informationen, die über die Aktivitäten eines Projekts zur Verfügung stehen, im Verlauf des Projektlebenszyklus beträchtlich. Zu Anfang in der Konzeptionsphase gibt es nur wenig Informationen. Erst wenn die Entstehungs- und Entwicklungsphase durchlaufen sind, nehmen sie in der Phase der Durchführung zu. Folglich unterscheidet sich die Genauigkeit der Kostenplanung in den einzelnen Projektphasen.

Die Informationen in der Konzeptionsphase sind so grob, dass nur die Größenordnung geschätzt werden kann. Die begrenzten Informationen, die wir in dieser Phase haben, sagen uns vielleicht nur, dass sich unser Projekt befasst mit:

◆ der Arbeitsmoral von 300 Mitarbeitern,
◆ der Verbesserung einer Broschüre über Herzerkrankungen,

◆ dem Bau einer neuen Fabrik,
◆ der Entwicklung eines Trainingsprogramms für Manager.

Die knappen Informationen bringen es mit sich, dass die Schätzung eher auf Hinweisen als auf endgültigen Fakten beruht, was eine beträchtliche Fehlerquote beinhaltet. Für Schätzungen dieser Art gibt es zahlreiche Bezeichnungen, zum Beispiel:

◆ Faustformeln,
◆ Erfahrungswerte,
◆ Schätzwerte (wie optimistische, pessimistische Werte oder Mittelwerte).

Mit diesen Begriffen ist die Fehlerquote anschaulich illustriert. Zwar kann die Quote durchaus bei 30 Prozent und mehr liegen; dennoch bedient man sich in frühen Planungsphasen häufig solcher Methoden, weil sie mit geringem Zeit- und Kostenaufwand verbunden sind, um das Interesse des Managements an dem Projekt einzuschätzen. Ihre Anwendung sollte sich allerdings auf vorläufige Entscheidungen beschränken; für spätere Projektphasen bergen sie ein erhebliches Risiko.

MEHR UND BESSERE INFORMATIONEN

Aufgrund der ersten Schätzung wird häufig entschieden, ob das Projekt gekippt oder ob es weiter verfolgt wird.

Die Entscheidung über die Fortführung des Projekts mündet in weitere Planungen und Entwicklungen, für die mehr Informationen gebraucht werden. Wir können also die oben genannten Beispiele für Projektergebnisse wie folgt erweitern:

◆ ein Programm für die Motivation von 307 Arbeitnehmern einer Fabrik der XYZ-Firma, auszuführen im August 1999,
◆ die Erstellung einer vierseitigen A5-Broschüre darüber, wie durch Diät und Bewegung das Risiko eines Herzinfarkts reduziert werden kann,
◆ der Neubau einer Möbelfabrik bei Frankfurt auf der grünen Wiese,
◆ Erstellung eines neuen dreitägigen Trainingsprogramms über Projekt-management für das mittlere Management.

Auf der verbesserten Informationsbasis lässt sich eine genauere Kostenschätzung vornehmen. Anhand dieser Schätzung wird häufig über die Weiterführung des Projekts entschieden.

Bei sehr kostenträchtigen und risikoreichen Projekten ist gründliche Vorarbeit zu leisten, sodass Abweichungen vom Kostenplan maximal plus/minus 15 bis 20 Prozent betragen. Bei kleineren und weniger riskanten Projekten basiert die Kostenschätzung auf begrenzter Vorarbeit und Vergleichen mit ähnlichen Projekten. Auch hier sollte die Kostenplanung auf plus/minus 25 Prozent genau vorgenommen werden können.

Wenn wir uns einmal entschieden haben, das Projekt fortzuführen, werden wir die Projektergebnisse immer genauer eingrenzen. Daraus wiederum ergeben sich detaillierte Informationen, die als Grundlage für die endgültige Projektkostenplanung dienen. Bei einer Genauigkeit von plus/minus 5 bis 10 Prozent wird sie zur Planung des Projektbudgets benutzt und stellt die Grundlage der Projektüberwachung und des Projekt-Controllings dar, wie Sie in Kapitel 12 noch sehen werden.

EINSCHÄTZEN DER INFORMATIONSQUELLEN

Die Genauigkeit der Projektkostenplanung hängt also von der Genauigkeit der Informationen ab, die wir über das Projekt und seine Zielvorgaben haben. Diese bestehen aus:

◆ Informationen über die Zielvorgaben und
◆ Informationen über die Kosten für die Durchführung des Projekts.

Die Genauigkeit der Informationen über die projektierten Ergebnisse nimmt im Verlauf des Projektlebenszyklus zu. Die Projektbeschreibung bezieht – wie Sie in Kapitel 4 gesehen haben – alle Informationen ein und bildet die Grundlage des Projekts. Auf dieser Grundlage entwickeln wir die Projektkostenplanung, das Budget und Zeitpläne.

Zur Ermittlung der Projektkosten können viele unterschiedliche Quellen herangezogen werden:

◆ Aufzeichnungen früherer Projekte,

◆ Lieferanten-Kataloge,

◆ Preisangaben von Lieferanten,

◆ die Standardkosten Ihres Unternehmens,

◆ Kostenindizes,

◆ Fachzeitschriften,

◆ Branchenorgane und -veröffentlichungen,

◆ Nachschlagewerke und Bücher,

◆ Fachzeitschriften,

◆ Ihre Erfahrungen und die Ihrer Kollegen.

Entscheidend für die Genauigkeit der Kostenplanung sind die Kenntnisse und das Urteilsvermögen, mit denen die Informationsquellen ausgewertet werden. Vorrang haben jedoch die Informationen über die Zielvorgaben des Projekts; wenn diese unzulänglich sind, kann auch die Kostenplanung nicht aussagekräftig sein.

UMFANG UND INHALT DER KOSTENPLANUNG

Voraussetzung für die Planung der Projektkosten ist eine Personal-, Sachmittel- und Terminplanung. Als zweckmäßig hat sich eine weitere Untergliederung in folgende Kostenarten erwiesen:

◆ Personalkosten

◆ Materialkosten

◆ Kapitalkosten (Abschreibung von Projektmitteln, Zinsen für Kapitaleinsatz, kalkulatorische Mieten)

◆ Fremdleistungskosten

◆ Computerkosten

Personalkosten

Sie können als direkte und indirekte Kosten ausgewiesen werden. Direkte Arbeitskosten sind solche, die direkt einer speziellen Projektaktivität oder einem Teil des

Ergebnisses zugeschrieben werden können, indirekte Kosten oder Gemeinkosten dagegen betreffen die Führung des Projekts als Ganzes. Die Verwaltungs- und Managementkosten des Projekts werden auch als Gemeinkosten bezeichnet und schließen die Kosten für den Projektleiter und für die Mitarbeiter ein.

Materialkosten

Die meisten Materialkosten sind direkte Kosten. Der Materialeinsatz hängt von den Projektergebnissen ab. Beispiele dafür sind:

◆ Bau-Projekte – Steine, Beton, Sand, Holz, Glas, Ziegel etc.
◆ Trainings-Projekte – Papier, Overhead-Projektor, Folien, Bücher, Video-Bänder etc.
◆ Installations-Projekte – elektrische Kabel und Leitungen, Rohrleitungen, Baumaterialien etc.

Ausrüstungskosten

Sie fallen zum Beispiel an, wenn ein neues Computersystem installiert wird oder wenn man ein Gerüst stellen muss, um die Fassade eines Bürohauses zu renovieren. Diese Ausrüstung kann gemietet, geleast oder gekauft werden. Jede Art der Bereitstellung zieht unterschiedliche Kosten nach sich. Was immer der Zweck Ihrer Ausrüstung ist und wie immer Sie sich diese beschaffen, die Kostenplanung muss die jeweiligen Kosten enthalten.

Versicherungen, Steuern und andere Gebühren

Folgende Kosten sind in der Kostenplanung zu berücksichtigen: Versicherungen für die Projektmitarbeiter und für die Ausrüstung gegen Unfälle, Verlust oder Schaden; Versicherung gegen etwaige Schadenersatzansprüche Dritter; Steuern.

Weitere Posten können anfallen durch Gebühren für Musterschutz, Beratungskosten oder Kontrollkosten. Die meisten Kosten werden als Gemeinkosten behandelt.

Berücksichtigung der Inflation

Bei Projekten, die länger als sechs Monate dauern, sollte die Inflation berücksichtigt werden.

Sicherheitsrücklage

Die Kostenplanung kann sich als falsch herausstellen, wenn:

◆ Informationen oder Kosten übergangen wurden,
◆ neue Informationen nicht berücksichtigt wurden,
◆ die Kosten auf Werte steigen, die über der im Projektbudget berücksichtigten Inflationsrate liegen,
◆ wenn sich die Wechselkurse ändern oder
◆ wenn Erdbeben, Unwetter, Streiks oder ähnlich unvorhersehbare Katastrophen eintreten.

Die Kostenplanung kann als Vorsorge gegen solche Ereignisse einen Betrag enthalten, den man Zufallstoleranz nennt. Seine Größenordnung liegt üblicherweise bei fünf Prozent, aber er kann von mehreren Faktoren beeinflusst werden:

◆ Erfahrungen mit dieser Art von Projekten,
◆ Risikopotenzial des Projekts,
◆ Risikopotenzial der Technologie,
◆ Wahrscheinlichkeit von Ereignissen wie Erdbeben, Unwettern oder Streiks.

Die Sicherheitsrücklage ist nicht für Änderungen im Umfang des Projekts oder zur Korrektur von Schätzfehlern gedacht. Sie soll vielmehr einen gewissen Schutz vor schwer vorhersehbaren Ereignissen bieten.

CHECKLISTE: KOSTENPLANUNG

Enthält Ihre Kostenplanung:

1. Gemeinkosten z.B.

Schutzgebühren?	Ja ☐ Nein ☐	nicht relevant ☐
Beratungskosten?	Ja ☐ Nein ☐	nicht relevant ☐
Versicherungskosten?	Ja ☐ Nein ☐	nicht relevant ☐

2. Personalkosten z.B.

Projektleiter/Teamkosten?	Ja ☐ Nein ☐	nicht relevant ☐
Direkte Arbeitskosten?	Ja ☐ Nein ☐	nicht relevant ☐
Arbeit der Subunternehmer?	Ja ☐ Nein ☐	nicht relevant ☐
Zeitlich begrenzte Arbeit?	Ja ☐ Nein ☐	nicht relevant ☐

3. Materialkosten z.B. für

Elektrizität, Heizung oder

Klimaanlage?	Ja ☐ Nein ☐	nicht relevant ☐
Bauarbeiten?	Ja ☐ Nein ☐	nicht relevant ☐

Spezielle Materialien z.B.

– Computerkabel	Ja ☐ Nein ☐	nicht relevant ☐
– Videobänder	Ja ☐ Nein ☐	nicht relevant ☐

4. Ausrüstungskosten z.B.

Erwerbskosten?	Ja ☐ Nein ☐	nicht relevant ☐
Mietkosten?	Ja ☐ Nein ☐	nicht relevant ☐
Leasingkosten?	Ja ☐ Nein ☐	nicht relevant ☐

5. Berücksichtigung einer Sicherheitsrücklage?   Ja ☐ Nein ☐ nicht relevant ☐

6. Berücksichtigung der Inflation?   Ja ☐ Nein ☐ nicht relevant ☐

Bemerkungen

Es ist ausgeschlossen, dass eine kurze Checkliste alle Details aller möglichen Projekte abdecken kann, aber:

■ Wenn Sie weniger als zweimal Ja angekreuzt haben, könnten Sie ein Problem haben.

■ Wenn Sie 16-mal „Nicht relevant" angekreuzt haben, haben Sie definitiv ein Problem.

SCHÄTZMETHODEN

Im Rahmen der Kostenplanung können verschiedene Schätzmethoden angewendet werden. Die Auswahl der geeigneten Methode hängt von der Art der
Projektergebnisse ab.

■ Exponentielle Methode

Diese Methode wird oft in den frühen Phasen eines Projekts eingesetzt, wenn nur
begrenzte Informationen über die Projektergebnisse zur Verfügung stehen.
Folgende Informationen müssen vorliegen:

◆ ein Faktor, der die Größe oder die Kapazität des Projektergebnisses benennt –
 wie die Zahl der Seiten eines Buches, die Geschossfläche eines Hauses oder
 die Dauer eines Trainigsprogramms;
◆ Kosten für ein früheres Projekt mit ähnlichem Ergebnis.

Diese Informationen werden benutzt um die Kosten des neuen Projekts zu
schätzen, indem sie in die folgende Formel eingesetzt werden:

Kosten des neuen Projekts = Kosten des alten Projekts x $(G_{neu}/G_{alt})^{0.66}$
wobei G_{neu} = Größe oder Kapazität des neuen Projekts
G_{alt} = Größe oder Kapazität des alten Projekts

Das heißt: Wenn die Produktionskosten für 200 Exemplare eines Buches mit
150 Seiten 3.500 DM betrugen, dann betragen die Kosten für die gleiche Anzahl
Bücher bei einer Seitenzahl von 200 ungefähr

$$DM\ 3500\ x\ (200/150)^{0.66} = DM\ 4232$$

Hätte man diese Kosten in ein direktes Verhältnis zum Umfang der Bücher
gesetzt, würde sich das Ergebnis auf eine Höhe von ungefähr

$$DM\ 3500\ x\ (200/150) = DM\ 4666$$

belaufen, was über 10 % mehr ist.

Diese Methode erfordert viel Sorgfalt, denn es müssen unbedingt treffende
Vergleiche gezogen werden. In unserem Buch-Beispiel wäre es falsch, die Kosten
für ein Taschenbuch mit einfachen Abbildungen einzusetzen, um die Kosten für
ein gebundenes Buch mit farbigen Fotografien zu kalkulieren.

■ Lernkurven

Ein Hauptmerkmal eines Projekts ist die Einmaligkeit seiner Ergebnisse. Diese Einmaligkeit kann in völlig unerprobten Arbeitsvorgängen bestehen. Wenn man die Arbeitskosten dafür ermitteln will, muss man die so genannte „Lernkurve" in Betracht ziehen. Nach dieser wird eine Aufgabe mit jeder Wiederholung besser bewältigt, das heißt bei wenig Übung ist das Arbeitsergebnis schwach, mit wachsender Erfahrung verbessert sich das Arbeitsergebnis. Dabei spielt es keine Rolle, ob sich die Aufgabe je einmal in verschiedenen Projekten oder mehrmals im selben Projekt wiederholt. Grundsätzlich besagt die Lernkurve, dass sich die durchschnittliche Zeit für eine wiederholte Handlung mit der Verdoppelung der Wiederholung um einen bestimmten Bruchteil verringert. Dieser Bruchteil liegt für die meisten Aufgaben zwischen 80 und 90 Prozent. Wenn man also für das erste Mal 70 Stunden benötigt, sind für das zweite Mal 70 x 0,8 Stunden zu veranschlagen, für das vierte Mal 70 x 0,8 x 0,8 Stunden und so weiter, bis sich die Durchschnittszeit einem konstanten Wert annähert.

Wenn Sie diese Zahlen auf Millimeterpapier grafisch darstellen, sehen Sie, dass die Kurve nach etwa 100 Wiederholungen bei einem Wert von etwa 17 Stunden abflacht. Würde man der Kalkulation die Stundenzahl einer erfahrenen Kraft zugrunde legen, dann ergäbe sich bei 50 Wiederholungen folgende Rechnung: 50 x 17 = 850 Personenstunden. Doch die Lernkurven-Daten besagen, dass die Durchschnittszeit bei 50 Wiederholungen 19 Personenstunden beträgt – das ergibt insgesamt 950 Personenstunden. Hätte man also die Lernkurve nicht angewendet, dann hätte man den Zeit- und Kostenaufwand um fast 11 Prozent unterschätzt. Die Anwendung der Lernkurve auf die Kostenplanung geschieht, indem man in den entsprechenden Tabellen nachschlägt.

■ Unterschiedliche Arbeitsintensität

Wir haben gesehen, dass sich der Grad der Aktivität mit dem Fortgang im Lebenszyklus eines Projekts ändert. Auch die Aktivitäten, die das Projekt vorantreiben, unterliegen Schwankungen: Sie beginnen allmählich, steigern sich und erreichen, nach kurzem Absinken, ihr höchstes Niveau und nähern sich ihrer Vollendung. Diese unterschiedliche Intensität beeinflusst offensichtlich den Aufwand an Arbeitszeit. Zum Beispiel: Eine Aufgabe, für die 400 Arbeitsstunden veranschlagt sind, soll in 2 Wochen à 40 Stunden fertig gestellt werden. Man wird also die erforderliche Anzahl der Arbeitskräfte ermitteln, indem man den geschätzten Arbeitsaufwand durch die Wochenstunden teilt, hier 400/40 x 2 = 5 Arbeitskräfte. Allerdings wird bei dieser Rechnung nicht berücksichtigt, dass die Arbeitsintensität schwankt:

◆ die Aufwärm- bzw. Startphase beansprucht 20% der Zeit oder 2 der 10 verfügbaren Tage;
◆ die Abschlussphase beansprucht 30% oder 3 der 10 verfügbaren Tage;
◆ die Spitze der Aktivität liegt in den verbleibenden 5 Tagen;
◆ sowohl während der Start- als auch während der Abschlussphase ändert sich die Effektivität linear von 0 bis zu ihrem Höchststand. Das bedeutet, dass man in beiden Phasen nur eine mittlere (durchschnittliche) Produktivität erzielt, also die Phasentage durch 2 dividieren muss.

Zählt man diese verschiedenen Werte zusammen, kommt man auf folgendes Ergebnis: 400 Arbeitsstunden = (2 Tage/2 + 3 Tage/2 + 5 Tage) x 8 Stunden/Tag x höchste Anzahl der Arbeitskräfte = 400/7.5 x 8 = 6.66 Arbeitskräfte. Bei Annahme einer konstanten Arbeitsintensität fiele die Schätzung also zu niedrig aus.

▓ Faktorielle Schätzung

Hinter diesem eindrucksvollen Titel verbirgt sich eine einfache Methode der Kostenplanung, die oft bei technischen Projekten angewandt wird. Sie geht grundsätzlich von den detaillierten Kosten für das Hauptergebnis des Produkts aus. Diese multipliziert man mit Faktoren und erhält so die Kosten für die untergeordneten Ergebnisse. Wenn zum Beispiel für einen neuen Heizkessel 10.000 DM angesetzt sind, lassen sich bei der Anwendung von bestimmten Faktoren die Kosten folgendermaßen ermitteln:

◆ die Leitungen auf 10.000 DM x 0.35 = DM 3.500
◆ die Werkzeuge auf DM 10.000 x 0.18.= DM 1.800
◆ das Fundament etc. auf DM 10.000 x 0.26 = DM 2.600

und so weiter. So einfach diese faktorielle Methode scheinen mag: Wenn sie genau sein soll, müssen den Faktoren große Mengen an Kostendaten aus früheren Projekten zugrunde liegen und außerdem sind die speziellen Besonderheiten sowohl des alten wie auch des neuen Projekts zu berücksichtigen.

*B*UDGETPLANUNG

Sämtliche Kostenschätzungen werden in das Projektbudget aufgenommen. Es bildet die Grundlage für folgende Maßnahmen:

◆ Feststellung der voraussichtlichen Kosten für die Durchführung des Projekts,
◆ Mitteilung an den Auftraggeber, wie viel Mittel er bereitzustellen hat,
◆ Mitteilung an den Projektleiter, wie viel Geld wann gebraucht wird,
◆ Festlegung des Zeitrahmens für die Überprüfung der Projektkosten.

Aus diesem Grunde muss im Projektbudget nicht nur die Summe, sondern auch der Zeitplan der Ausgaben festgelegt werden. Damit beeinflusst das Budget den Projektplan erheblich; in Kapitel 5 haben wir ja gesehen, dass er für Projektaktivitäten Beginn, Ende und Dauer sowie den Bedarf an Mitarbeitern und Ausrüstung festhält. Tatsächlich ist die Verbindung zwischen Budget und Projektplan so eng, dass das Budget durchaus als Erweiterung des Plans bezeichnet werden kann, denn letztendlich ist es ausschlaggebend für den Einsatz von Mitteln über die gesamte Projektlebensdauer.

Auf diese Weise spielt das Budget eine wichtige Rolle im Projektmanagement. Es informiert den Projektleiter, welche Mittel er wann benötigt, und zusammen mit dem Projektplan liefert es die Grundlagen für die Projektüberwachung und -kontrolle. Dies werden wir uns in Kapitel 12 näher ansehen.

ZUSAMMENFASSUNG

■ Genaue Kostenschätzungen sind für den Erfolg eines Projekts unerlässlich.

■ Die Genauigkeit der Kostenschätzungen steigt im Projektverlauf. So beträgt die Fehlerquote bei
 – Faustformeln (± 30%),
 – Feasibility-Studien (± 15–25%),
 – Endgültiger Kostenplanung (± 5–10%).

■ Die Projektkosten werden in folgende Kostenarten gegliedert:
 – Arbeitskosten,
 – Materialkosten,
 – Ausrüstungskosten,
 – Versicherungen, Steuern und andere Gebühren,
 – Berücksichtigung der Inflation,
 – Sicherheitsrücklage.

■ Die Methoden zur Kostenermittlung sind:
 – Exponentielle Methode,
 – Lernkurven,
 – Aktivitätsprofile bzw. unterschiedliche Arbeitsintensität,
 – Faktorielle Schätzung.

■ Budgets sind Pläne für den Einsatz von Mitteln.

■ Budgets erlauben die
 – Überwachung und
 – Kontrolle
 der Projekte.

Projekte und Veränderungen

ÜBERBLICK

Alle Projekte haben das Ziel Veränderungen herbeizuführen. Die Art und Weise, wie dieser Prozess gesteuert wird, kann sehr unterschiedliche Ergebnisse zeitigen. In diesem Kapitel betrachten wir kurz das Wesen der Veränderungen und verfolgen dann Schritt für Schritt den Weg bis zum Ziel.

ZIELE

Am Ende dieses Kapitels haben Sie eine genauere Vorstellung
– vom Wesen der Veränderungen,
– von der Steuerung des Veränderungsprozesses und
– von der Bedeutung des Managements für ein erfolgreiches Projekt.

VERÄNDERUNGEN – HIER UND JETZT

Das Projekt ist nur ein Beispiel von vielen für den Veränderungsprozess, dem wir alle ständig unterliegen, und die Alltäglichkeit dieses Prozesses nehmen wir als selbstverständlich hin. Wir sind beispielsweise, wenn auch nicht immer kommentarlos, dem Wechsel der Witterung ausgesetzt, nicht nur gemäß den Jahreszeiten, sondern auch im Verlauf eines Tages. Wenn wir älter werden, stellen wir nach und nach Veränderungen bei uns fest, die unsere Beweglichkeit, unsere Sehkraft und Hörfähigkeit einschränken. Aber nicht alle Veränderungen, die wir erfahren, geschehen so automatisch wie Wetterveränderungen oder der Prozess des Alterns. Auch durch Entscheidungen, die wir selbst treffen, ergeben sich Veränderungen in unserem Leben: Kraft unseres freien Willens können wir entscheiden, den Job zu wechseln, in einem anderen Haus zu leben und sogar den Partner zu wechseln. Dieser Prozess der Veränderung aufgrund eigener Entscheidung ist Ausdruck unserer Individualität und beeinflusst die Art und Weise unserer Lebensführung. Ob die Entscheidung freiwillig ist oder nicht: Alle Veränderungen haben Konsequenzen und die können wichtig oder unbedeutend, alltäglich oder schmerzlich sein.

Im Rahmen des Projektmanagements ist die Fähigkeit, die Folgen dieser Veränderungen zu steuern, für den Erfolg des Projekts unerlässlich. Um herauszufinden, wie dieses zu geschehen hat, ist ein Blick auf das Wesen der Veränderung erforderlich.

Ein einschlägiges Wörterbuch belehrt uns, dass Veränderung das Ersetzen eines Objekts durch ein anderes bzw. das Folgen eines Vorgangs anstelle eines anderen ist. Diese Veränderung kann also aus der Ausübung des eigenen freien Willens entstehen oder sie wird uns als Resultat der Entscheidungen anderer aufgezwungen.

Im Allgemeinen umfassen unsere Erfahrungen mit Veränderungen beide Aspekte. Zum Beispiel haben wir die Wahl, ob wir den nächsten Urlaub in einem uns unbekannten Teil der Welt verbringen oder nicht, aber wir können nicht wählen, ob wir die Erhöhung der Einkommens- oder Mehrwertsteuer bezahlen oder nicht. Wir können entscheiden, Vegetarier zu werden oder nicht, aber wir müssen Fahrplanänderungen hinnehmen, wenn die Eisenbahner streiken. Für die Reaktion auf diese Veränderungen macht es jedoch einen gewaltigen Unterschied, ob wir an der Entscheidung beteiligt waren oder nicht. Einer selbst gewählten Veränderung stehen wir positiv gegenüber, selbst wenn sich der Schritt als falsch erweist oder anders verläuft als erwartet. Andererseits ruft eine erzwungene Veränderung im Allgemeinen unseren Widerstand hervor, was zu Konflikten bis hin zur Sabotage führen kann. Diese negative Reaktion auf unfreiwillige Veränderungen erfolgt unabhängig von Wert und Wesen der Veränderung. Das ist zu berücksichtigen, wenn wir verfolgen, wie der Veränderungsprozess im Rahmen von Projekten zu steuern ist.

VERÄNDERUNGEN – VORÜBERGEHEND ODER UNUMKEHRBAR?

Wenn wir uns an die Veränderungen erinnern, die wir in unserem Leben erfahren haben, wird uns auffallen, dass sie höchst unterschiedlicher Natur sind. Sie können beispielsweise

◆ kurzlebig, vorübergehend oder auch periodisch sein – wie die Jahreszeiten,
◆ relativ langlebig und stabil sein – wenn wir heiraten oder den Job wechseln,
◆ umkehrbar sein – wenn wir eine andere Zeitung kaufen oder
◆ unumkehrbar sein – wie die Erfindung des Fahrrads, des Transistors, des Autos oder des Computers.

Viele Veränderungen halten nicht lange an – ein Regenschauer oder ein kurzfristiger finanzieller Engpass – und wenn sie vorüber sind, kehren wir zum Gewohnten zurück. Anderen Veränderungen sind wir über längere Zeit ausgesetzt, sodass wir gezwungen sind, unser Leben neu zu ordnen. Wie wir auf einen solchen Wandel reagieren, hängt wesentlich davon ab, wie lange er anhält. Ist abzusehen, dass er nur von kurzer Dauer ist, dann versuchen wir ihn hinzunehmen ohne uns allzu sehr darauf einzulassen – wir reagieren passiv. Auf eine unumkehrbare Veränderung hingegen reagieren wir eher aktiv. Wenn man nämlich die Veränderung und all ihre Folgen erfolgreich überstehen will, kann man ihr nur entschlossen gegenübertreten, sie als Gelegenheit begreifen und in den Lebensplan aufnehmen – ein Projekt macht dies möglich.

VERÄNDERUNG ALS PROGRAMM

In Kapitel 2 haben Sie erfahren, dass ein Projekt in erster Linie etwas mit Veränderungen zu tun hat. Die Art, wie sich diese Veränderungen ereignen und wie sie gesteuert werden, kann einen bedeutenden Beitrag zu den Zielen des Projekts leisten. Immer noch ignorieren die meisten Bücher über Projektmanagement diesen wichtigen Aspekt des Projektmanagements. Aber wenn wir die Rolle des Projektleiters betrachten – und zwar praktisch, nicht theoretisch! – kann es keinen Zweifel geben, dass ein Projektleiter, wenn er erfolgreich sein will, ein „Veränderungsagent" (Change Agent) sein muss. Das bedeutet, dass seinen Handlungen eine Denkweise zugrunde liegen muss, für die Veränderungen etwas Normales und nicht ein Grund zur Panik sind. Nur wenn man Veränderungen vorbehaltlos annimmt, kann man auch sämtliche Möglichkeiten des Projekts ausschöpfen. Und nur dann ist der Projektleiter auch der Steuermann, der den Prozess der Veränderung auf Erfolgskurs hält.

Die Ergebnisse dieses Prozesses sind kaum alltäglich und unbedeutend, vielmehr erfordern sie einen beträchtlichen Aufwand an Zeit, Geld und Energie. Und sie sind alles andere als kurzlebig, weil sie dazu geschaffen sind, auf lange Zeit zum Fortbestand des Unternehmens beizutragen. Wie wir aber bereits gesehen haben, gibt es viele Projekte, die zu weniger anspruchsvollen und weniger dauerhaften Ergebnissen führen. Nichtsdestoweniger sind sie für jene, die sie zu erarbeiten haben, wichtig und auch auf Dauer angelegt, denn es sollen ja Fortschritte gemacht werden; eine Umkehr wäre nicht nur schwierig, sondern auch recht kostspielig.

GLEICHGEWICHT UND VERÄNDERUNG

Einer der frühen und wesentlichen Beiträge zum Veränderungsprozess stammt von dem Sozialwissenschaftler Kurt Lewin. Er ist der Ansicht, dass Einzelpersonen wie Unternehmen in ihrem Verhalten von einer stattlichen Reihe gegenläufiger Kräfte bestimmt werden, die uns jeweils in die eine oder andere Richtung drängen wollen. Gegen diese Einflüsse haben wir unser Gleichgewicht zu verteidigen und so befinden wir uns in ständiger Bewegung, weil wir jederzeit auf die Veränderungen um uns herum reagieren müssen.

133

Schon eine geringe Kräfteverschiebung kann das Gleichgewicht zerstören und wieder setzt eine Gegenbewegung ein, bis sie sich auf einem neuen Standpunkt eingependelt hat. Natürlich sind diese Kräfte abhängig von der jeweiligen Situation; das ist in der folgenden Abbildung dargestellt.

Abb. 33   **Kraftfeldanalyse**

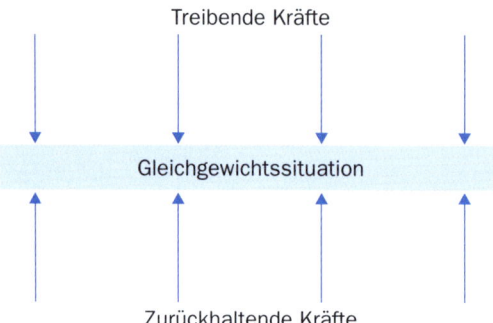

Es wird selten vorkommen, dass sich zwei Kräfte von gleicher Intensität direkt gegenüberstehen. Aufgrund der Komplexität und Ambivalenz menschlichen Verhaltens kann die eine Kraft als Spiegelbild einer anderen erscheinen. Ein Beispiel dafür ist, dass wir sowohl Angst als auch Erregung fühlen, wenn wir mit Veränderungen konfrontiert werden. Angst will uns zurückhalten und vor der Veränderung schützen, Erregung treibt uns zur Veränderung. Jeder Faktor ist das Spiegelbild des anderen.

Alles, was für die Situation von Bedeutung ist, eignet sich als eine der Kräfte, die das Gleichgewicht wieder herstellen. Wenn wir uns unter diesem Aspekt die Veränderungen in unseren Projekten ansehen, stellen wir fest, dass diese Kräfte das betreffen, was als Input in das Projekt eingeht, nämlich, wie wir schon in Kapitel 2 gesehen haben, Informationen, Menschen und Ressourcen.

Genauso gut können Sie die Kerndimensionen des Projekts betreffen, also Zeit, Qualität, Kosten und Ausführung.

Will man Veränderungen herbeiführen, dann muss zunächst dieses Gleichgewicht verändert werden. Dazu ist ein Prozess in Gang zu setzen, der drei Phasen hat: die Destabilisierung des bestehenden Gleichgewichts, die Verlagerung auf eine neue Position und die Stabilisierung des neuen Gleichgewichts. Zur Einleitung der Destabilisierung ist es zunächst erforderlich die wirksamen Kräfte festzustellen und dann zu entscheiden, welche Veränderung wünschenswert ist. Dann entscheidet man, welche Kraft reguliert werden soll und ob man diese Kraft verstärken oder abschwächen will.

Diese Technik wird Kraftfeldanalyse genannt; Sie können sie als Einzelner oder in Zusammenarbeit mit Gruppen anwenden. Sie versetzt Sie in die Lage zu erkennen, was als Nächstes zu tun ist, sie hilft Ihnen ein anscheinend großes Problem in ein operationales zu verwandeln und die beteiligten Menschen in die Veränderungen mit einzubeziehen.

In einem Projekt, so haben wir schon gesehen, schließen diese Kräfte die oft gegensätzlichen Bedürfnisse und Wünsche des Auftraggebers, des Projektteams und des Projektleiters ein.

Wie diese Konflikte gelöst werden können, schauen wir uns im nächsten Kapitel an. Im nächsten Schritt setzen wir uns aber mit der Frage auseinander, wie Menschen auf Veränderungen reagieren und wie wir sie für eine konstruktive Mitarbeit an den Veränderungen gewinnen können.

MENSCHEN UND VERÄNDERUNGEN

Im Mittelpunkt von Projekten stehen Menschen. Die erfolgreiche Durchführung von Projekten setzt die Kreativität und die Fähigkeiten von Menschen voraus. Allerdings mögen Menschen im Großen und Ganzen keine Veränderungen – sie lehnen sie ab und klammern sich ans Althergebrachte, statt frisch einen Neubeginn zu wagen. Wie können wir also diese Furcht überwinden und damit Energie und Kreativität unserer Mitarbeiter für den Erfolg des Projekts freisetzen?

Für die Beantwortung dieser Frage ist zunächst herauszufinden, warum Menschen Veränderungen nicht mögen; auf diesem Wissen basiert das erfolgreiche Management des Veränderungsprozesses im Rahmen eines Projekts. Forschungsergebnisse besagen, dass Menschen Veränderungen vor allem deswegen ablehnen, weil sie die Konsequenzen fürchten. Diese Furcht kann durch tatsächliche oder eingebildete Faktoren entstehen wie

◆ Ungewohntes und Unbekanntes,
◆ fehlendes Vertrauen,
◆ unfreiwillige Beteiligung,
◆ mögliche Nachteile,

◆ das Bedürfnis nach Sicherheit,
◆ frühere schlechte Erfahrungen mit Veränderungen.

Außerdem hat die Erfahrung gezeigt, dass Menschen Veränderungen ablehnen, weil sie glauben, dass sie nicht sinnvoll sind oder weil sie befürchten, dass sie Irrtümer oder Fehler enthalten; oft haben sie auch das Gefühl, wichtige Dinge würden nicht berücksichtigt.

Natürlich können Menschen auch begeistert auf Veränderungen reagieren, das könnten ihre Gründe sein:

◆ Spannung in Erwartung des Neuen,
◆ Vorteile, die möglicherweise zu gewinnen sind,
◆ freiwillige Beteiligung an der Veränderung,
◆ Vertrauen in denjenigen, der die Veränderung veranlasst,
◆ frühere gute Erfahrung mit dem Prozess der Veränderung,
◆ Vertrautheit mit der Art der Veränderung,
◆ Nachteile, die sich aus einer Verweigerung ergeben können.

Sie können die Veränderungen auch unterstützen, weil sie den Zielen und Absichten zustimmen und weil sie die Veränderung als einen Beitrag zu einem übergeordneten, großen Ziel sehen.

Wenn wir unser Projekt so managen wollen, dass es Veränderungen erfolgreich herbeiführt, müssen wir uns zu Herzen nehmen, was Kurt Lewin über Veränderungen geschrieben hat: Furcht und andere negative Faktoren muss man reduzieren oder ganz ausräumen und stattdessen die positiven Faktoren verstärken.

SCHLÜSSELFAKTOREN IN DIE TAT UMSETZEN

Menschen reagieren komplex und oft widersprüchlich auf den Prozess der Veränderung und das Projektmanagement muss die widerstreitenden Bedürfnisse, Wünsche, Ängste und Befürchtungen der Betroffenen in Betracht ziehen. Tut es das nicht, bleibt der Erfolg aus und auch die erwünschten Ergebnisse des Projekts werden nicht erreicht. Wenn wir die Menschen in die Entscheidungen, die Veränderung betreffen, mit einbeziehen, wird ihre Reaktion darauf sehr wahrscheinlich konstruktiv sein. Zwingen wir ihnen jedoch Veränderungen auf, dann reagieren sie oft mit Widerstand, bis hin zur Sabotage. Diese Erkenntnis legt den Schluss nahe, dass wir für das Management von Veränderungen Folgendes tun müssen:

◆ das Engagement der Mitarbeiter durch Einbeziehung und Erklärung fördern,
◆ die Mitarbeiter ermutigen und ihnen Verantwortung für ihre eigenen Handlungen im Veränderungsprozess zugestehen,
◆ die Mitarbeiter sachgerecht mit Informationen und Training versorgen.

Um diese Veränderungen so zu managen, dass sie erfolgreich zum Ziel des Projekts führen, müssen wir die Kernaspekte des Veränderungsprozesses koordinieren, das heißt Information, Kommunikation, Kooperation und Machtverteilung.

Dies sind die Komponenten für den Prozess des Managements von Veränderungen. Wenn wir auch nur eine davon ignorieren oder unsachgemäß einsetzen, werden wir scheitern und das Ergebnis des Veränderungsprozesses wird kurzlebig oder instabil sein.

Bevor wir untersuchen, wie diese Faktoren zu koordinieren sind, wollen wir sie einzeln betrachten um festzustellen, was sie zum Erfolg des Veränderungsmanagements beitragen können.

■ Information

Information besteht aus Fakten und Zahlen mit großer Aussagekraft. Sie geben Auskunft über Projektziele, Kosten, Zeitpläne und Meilensteine. Jedoch wird dies allein nicht für den Erfolg des Projekts ausreichen; sie müssen darüber hinaus leicht verständlich, wichtig und unbedingt auch zugänglich sein.

Verständliche und sachdienliche Informationen erhalten wir, wenn wir auf vernünftige Weise mit anderen kommunizieren. Dies führt zum nächsten Schlüsselfaktor, der Kommunikation, während die Zugänglichkeit in den Bereich der Macht führt.

■ Kommunikation

Information an sich nützt nicht viel, sie muss anderen vermittelt werden. Kommunikation ist ein zweiseitiger Prozess, in dem man, wenn er zum Ergebnis führen soll, ebenso zuhören wie mitteilen muss. Qualifizierter Informationsaustausch ist ein wesentlicher Bestandteil in der Steuerung des Veränderungsprozesses. Zwar kommunizieren wir ständig miteinander, aber: Ist das Ergebnis auch immer befriedigend? Im Verlauf des Veränderungsprozesses ergeben sich oft Diskussionen, die viel Zeit und Geduld erfordern. Da sind z. B. Vorurteile abzubauen, die das Vertrauen in die Prozessführung blockieren; oder es geht um Fragen von hoher wirtschaftlicher Brisanz, gar um das unmittelbare Überleben des Unternehmens selbst. In jedem Fall muss die Auseinandersetzung so lange geführt werden, bis eine vernünftige Lösung gefunden ist, mit der alle Beteiligten einverstanden sein können. Und so ist Kommunikation keine einmalige Übung, sondern ein ständiger Prozess zu dem Zweck, das Engagement der beteiligten Menschen zu gewinnen und sie in ihre Aufgabe einzubinden.

Kooperation

Ständige Kommunikation heißt nicht, um jeden Preis Übereinstimmung herstellen und auch die Kompetenzen des Projektleiters bleiben unberührt, wenn seine Mitarbeiter verantwortlich Einfluss nehmen. Vielmehr geht es darum, eine Atmosphäre des Vertrauens zu schaffen, in der die Mitarbeiter sich jederzeit Rat und Auskunft beim Vorgesetzten holen und dieser seinerseits nach ihrer Meinung fragt, ohne sich freilich danach richten zu müssen.

Wie Sie diese Methode im Einzelnen anwenden, wird von der Besonderheit Ihres Teams bestimmt. Spezialisten wie Ingenieure oder medizinische Fachkräfte z. B. kann man durchaus davon überzeugen, dass sie Anregungen von anderen aufnehmen können, ohne dadurch ihre technische Autorität zu verlieren.

In Kapitel 7 haben wir gesehen, welche Bedeutung die Arbeit des Teams für den Erfolg eines Projekts hat; das Gleiche gilt für die erfolgreiche Einführung von Veränderungen. Auch hier ist die Projektleitung auf die einvernehmliche Zusammenarbeit aller angewiesen. Veränderungen, die unter Zwang entstehen, blockieren das Engagement der Mitarbeiter und gefährden so das gesamte Projekt. Nutzt ein Projektleiter seine Autorität in dieser Weise, dann riskiert er seine Vertrauensstellung im Team und missachtet die Tatsache, dass er auf die Unterstützung seiner Mitarbeiter angewiesen ist. Diese Art von Machtausübung soll uns jetzt beschäftigen.

Machtverteilung

Macht ist das Vermögen, Dinge zu bewirken oder Befehlsgewalt auszuüben. Wer im Unternehmen die Macht hat, bestimmt, wer was, wann in welcher Form bekommt.

138

Als mächtig gilt, wer

◆ eine Position einnimmt, die ihm Vollmacht gegenüber anderen gibt,
◆ knappe oder wertvolle Ressourcen wie Geld, Informationen, Technologie oder
 Wissen kontrolliert oder Zugang dazu hat,
◆ Zugang zu anderen hat, die über Macht oder Information verfügen,
◆ über Charisma oder Einfluss verfügt und
◆ befugt ist, andere zu disziplinieren.

Die Macht des Projektleiters beruht auf seiner Position und auf der Kontroll-
funktion, die er über die Höhe der Ausgaben, die Rekrutierung des Projektteams,
über die Gestaltung des Informationsaustauschs mit dem Auftraggeber und nicht
zuletzt darüber ausübt, wann dies alles zu geschehen hat.

Im Idealfall ist der Projektleiter ein Vorgesetzter mit positiver persönlicher
Ausstrahlung und Autorität, der einerseits seinen Mitarbeitern großes Vertrauen
entgegenbringt und andererseits seinen Einfluss auf das Team wie auf den
Auftraggeber nachdrücklich geltend macht.

Wir haben gesehen, dass die vier Schlüsselfaktoren Informationen, Kommunikation, Kooperation und Machtverteilung, mit Bedacht eingesetzt, einem Projekt
zum Erfolg verhelfen. Je besser die Koordination dieser Faktoren und je größer
die Ausgewogenheit ihrer Kräfte, umso günstiger ist der Führungsstil eines Unternehmens zu beurteilen.

DEN VERÄNDERUNGSPROZESS MANAGEN

139

Die Entscheidung, wie der Veränderungsprozess unseres Projektes gemanagt
werden soll, hängt von verschiedenen Faktoren ab:

◆ verfügbare Zeit,
◆ frühere Beziehungen der Beteiligten,
◆ mögliche Risiken und Belohnungen,
◆ Druck des Marktes,
◆ Aktivitäten der Konkurrenz,
◆ politischer Druck.

Welche Auswirkungen derartige Einflüsse haben können, zeigen folgende Beispiele:

◆ Die schlechten (oder guten) Erfahrungen, die Teammitglieder wie Auftraggeber mit früheren Projektleitern gemacht haben, werden die Qualität der Kommunikation beeinflussen.
◆ Ein Auftraggeber will dem Rückgang von Marktanteil und Gewinn entgegenwirken und ein Projekt für ein neues Produkt so schnell wie möglich durchziehen.
◆ Ein Regierungsbeschluss zur Verbesserung der Dienstleistung einer lokalen Behörde wird nur schleppend umgesetzt, weil
  – sich mit den nächsten Wahlen diese Politik vielleicht ändert,
  – die Belohnung zu gering ist,
  – das Thema unbekannt ist.

Trotz dieser Widrigkeiten: Wenn es sich als notwendig erweist, in den Veränderungsprozess einzugreifen, dann muss gehandelt werden. Die Auswirkungen sind fatal, wenn man der Entwicklung ihren Lauf lässt und erst auf die Folgen reagiert. Um erfolgreich zu sein, muss man Irrtümer, Fehlerquellen und andere Hindernisse im Voraus erkennen und sie schon im Ansatz vermeiden.

BEISPIEL   DIE OMEGA SUITCASE COMPANY

Die OSC hatte Probleme – die Beschwerden von Kunden und die Retouren nahmen zu, die Verkaufszahlen waren rückläufig – irgendetwas musste passieren. Der Geschäftsführer Jon Hudson entschied, dass es für Omega an der Zeit war, ein Projekt zur Verbesserung der Produktqualität durchzuführen. Frühere Versuche waren fehlgeschlagen – nicht weiter überraschend, basierten sie doch fast ausschließlich auf der Einschätzung der Fehlerquellen durch das Management. Jon entschied, dass die Zeit gekommen war, es anders anzupacken – aber wie? Nach einigem Nachdenken entschied er sich zu einem Gespräch mit Walter Higgins, dem Firmengründer, der letztes Jahr in Rente gegangen und zur Mittagszeit immer in der Bar des örtlichen Hotels zu finden war. Walter grüßte Jon freundlich und nach einleitenden Höflichkeiten fiel Jon mit der Tür ins Haus. Er erzählte Walter von den steigenden Reklamationen und der Notwendigkeit, etwas zu tun. Er gab auch zu, dass das Management in der Vergangenheit Fehler gemacht hatte. Walter grinste breit und fragte Jon, was er vorschlagen würde. Jons ehrliche Antwort war, er sei sich nicht sicher, aber er wüsste, dass etwas geändert werden müsste und jeder sollte mit einbezogen werden – nicht nur das Management. „Gut", sagte Walter, „aber erwarte nicht von den Jungs, dass sie dir gleich glauben." Er erinnerte Jon daran, dass wenig oder keine Versuche unternommen worden waren, die Arbeiter oder die Vorarbeiter danach zu fragen, was sie von vorangegangenen Kampagnen zur Verbesserung der Qualität gehalten hatten, und warnte ihn, dass zukünftige Versuche zweifellos auf Misstrauen und Zynismus stoßen würden. „Aber", sagte er, „es könnte klappen, auch wenn es eine lange Zeit dauern wird." Jon setzte sich zurück, als er dies begriff – er begann zu ahnen, dass das erfolgreiche Management dieses Projekts, zumindest für eine Weile, ein zäher Prozess würde und einer, den man nur beginnen konnte, wenn das Vertrauen wieder hergestellt war.

Ein kluger Mann sagte einmal, dass Menschen sich nicht wirklich Veränderungen widersetzen, sondern eher der Tatsache, dass sie selbst verändert werden. Ein kluger Projektleiter wird diesen Widerstand zunächst einmal akzeptieren und damit arbeiten um ein Klima des Vertrauens und der Zusammenarbeit zu schaffen. Der unverständige Projektleiter übergeht diesen Widerstand und versucht vielleicht sogar, die Veränderungen zu erzwingen, indem er Druck ausübt. Die Resultate dieser Aktionen tragen nicht zum Erfolg des Projekts bei und es entsteht langsam, aber sicher ein Klima, in dem die Ablehnung wächst und sich vom unausgesprochenen zum offenen Widerstand und von verdeckten Unstimmigkeiten zu offener Sabotage wandelt. Aber wie können wir als Projektleiter darauf reagieren? Die Antwort ist, wir müssen uns um Kooperation, Unterstützung, Engagement und Einbeziehung aller Mitarbeiter bemühen, die von der Veränderung betroffen sind. Dies gelingt nur, wenn wir mit diesen Mitarbeitern und nicht gegen sie arbeiten und wenn wir ihre Integrität und ihre Kreativität akzeptieren und fördern. Dies ist keine leichte Aufgabe, aber eine, die die Mühe lohnt und gleichzeitig den Schlüssel zum Erfolg des Projekts birgt. Zuvor sind jedoch drei grundsätzliche Dinge zu klären:

◆ Wir müssen Widerstand akzeptieren, ihn möglichst sogar vorhersehen;
◆ wir müssen Konflikte akzeptieren, sie konstruktiv nutzen und sachliche Themen diskutieren statt um Besitzstände zu kämpfen.
◆ Wir müssen als Projektleiter handeln – auf eine Art, die das vorher Gesagte klar und eindeutig demonstriert.

Wenn dies geklärt ist, kann der Veränderungsprozess in Angriff genommen werden. Welche Schritte zum effektiven Management von Veränderung führen, ist in folgendem Diagramm dargestellt.

Abb. 34 **Wirkungsvolle Veränderungen herbeiführen**

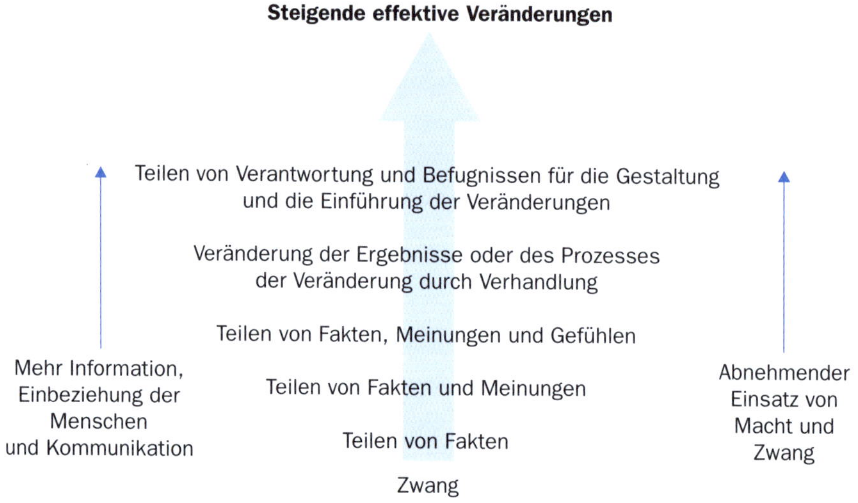

Steigende effektive Veränderungen

Teilen von Verantwortung und Befugnissen für die Gestaltung und die Einführung der Veränderungen

Veränderung der Ergebnisse oder des Prozesses der Veränderung durch Verhandlung

Teilen von Fakten, Meinungen und Gefühlen

Mehr Information, Einbeziehung der Menschen und Kommunikation

Teilen von Fakten und Meinungen

Abnehmender Einsatz von Macht und Zwang

Teilen von Fakten

Zwang

ZUSAMMENFASSUNG

■ Ein Projekt stellt eine Art von Veränderungsprozess dar, wie wir ihn alle ständig erleben.

■ Effektives Management von Veränderungen ist der Schlüssel zum Erfolg des Projekts.

■ Veränderungen können sein:
 – bedeutsam oder unbedeutend,
 – banal oder belastend;
  oder
 – freiwillig erwählt,
 – aufgezwungen
  oder
 – unumkehrbar oder nicht.

■ Ein Projekt dient dazu, Veränderungen herbeizuführen, die im Allgemeinen, aber nicht ausschießlich
– bedeutsam und nicht rückgängig zu machen sind.

■ Diese Veränderungen müssen mit Umsicht gemanagt werden, und zwar mithilfe von Instrumenten wie der Kraftfeldanalyse sowie durch einen koordinierten und ausgewogenen Einsatz folgender Faktoren:
– Menschen,
– Kommunikation,
– Informationen und
– Macht.

■ Effektives Management von Veränderungen
– akzeptiert den Widerstand, mit dem Menschen auf Veränderungen reagieren, um ihn allmählich in Zustimmung zu verwandeln,
– akzeptiert die Konflikte und baut sie behutsam ab,
– bezieht diejenigen mit ein, die von der Veränderung betroffen sind, und
– fördert ihr Engagement.

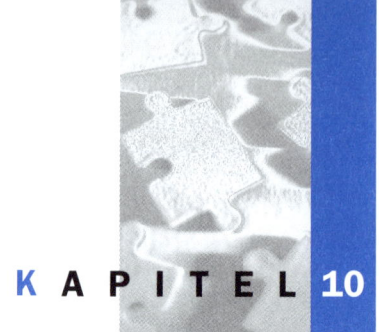

Problemlösungstechniken

ÜBERBLICK

In allen Projekten ergeben sich Probleme. Erfolgreiche Projekte sind dadurch gekennzeichnet, dass Schwierigkeiten schnell erkannt, analysiert und gelöst werden, und zwar effektiv und wirtschaftlich. Damit beschäftigt sich dieses Kapitel.

ZIELE

Am Ende dieses Kapitel haben Sie ein besseres Verständnis
- für die Bandbreite und die Vielgestaltigkeit der Probleme eines Projekts,
- davon, wie Sie Informationen über diese Probleme zusammentragen können,
- für einige der Techniken, die das Erkennen, Verstehen und die Analyse der jeweiligen Probleme möglich machen und
- dafür, wie potenzielle Lösungsansätze für diese Probleme gefunden werden.

*P*ROBLEME

Der Begriff „Problem" ist sehr gängig und wird immer benutzt, wenn eine schwierige Situation zu beschreiben ist. Beispielsweise ist es ein Problem, wenn:

◆ das Auto, mit dem man zur Arbeit fahren will, nicht anspringt,
◆ die Waschmaschine genau dann streikt, wenn man sie dringend braucht,
◆ dringend benötigte Daten im Computer verloren gehen oder
◆ man den einzigen Bus verpasst, mit dem man pünktlich zu einer Verabredung kommt.

In solchen Situationen werden wir mit Bedingungen konfrontiert, die sich wesentlich von denen unterscheiden, die wir erwarten. Diese Diskrepanz zwischen Wunsch und Realität ist das „Problem". Nun wäre es aber falsch zu glauben, Ursache des Problems wäre die enttäuschte Erwartung. Bei genauerem Hinsehen wären die erwähnten Probleme keine Probleme, wenn

◆ man diese Situationen akzeptieren könnte;
◆ man einen Zweitwagen hätte oder sich von jemand anderem mitnehmen lassen könnte;
◆ die Waschmaschine schnell repariert werden würde;
◆ man die Waschmaschine eines anderen Haushaltes benutzen könnte;
◆ man wüsste, wie die verlorenen Dateien wieder herzustellen sind;
◆ wenn man das Treffen verlegen könnte.

Kann man sich jedoch mit den Tatsachen nicht abfinden bzw. ist kein Ausweg in Sicht, dann hat man nach wie vor ein Problem. Ein Problem besteht demnach dann, wenn:

◆ man mit einer Situation konfrontiert ist, in der eine unannehmbare Diskrepanz zwischen Wunsch und Wirklichkeit besteht,
◆ man diese Diskrepanz nicht überbrücken kann.

Eine Lexikon-Definition besagt, dass ein Problem „eine unlösbare Situation ist, die eine bestimmte Gruppe von Menschen oder eine ganze Nation betrifft" bzw. „eine schwierig zu lösende Aufgabe" darstellt. Fügt man diese Faktoren der oben genannten Definition hinzu, ergibt sich Folgendes: Die Diskrepanz zwischen Wunsch und Wirklichkeit ist dann ein Problem, wenn sie inakzeptabel, schwierig oder unangenehm, verwirrend oder verworren oder scheinbar unlösbar ist.

Probleme sind überraschend normal im Leben, sowohl am Arbeitsplatz als auch im Privatleben. Deshalb ist die Feststellung, dass auch Projekte „ihre" Probleme haben, nicht weiter ungewöhnlich. Dabei kann es beispielsweise um Folgendes gehen:

◆ die Diskrepanz zwischen dem, was geplant war, und dem, was schließlich erreicht wurde;
◆ die Tatsache, dass es kein effektives Instrument zur Überwachung des Projekts gibt und man demzufolge nicht genau weiß, was wann passiert;
◆ der nicht eingeplante Bedarf an Ausstattung oder Personal,
◆ falsch verstandene Nachrichten, Anweisungen oder Anfragen.

Änderungen und die begrenzte Dauer eines Projekts bilden einen fruchtbaren Boden für Probleme; diese Probleme haben viele mögliche Ursachen und ebenso viele Lösungen.

Die Bedeutung des Projektleiters zeigt sich unter anderem darin, wie er diese Probleme erkennt und löst; das heißt, er hat Entscheidungen zu treffen. In Kapitel 6 haben Sie gesehen, dass dies schnell und effektiv geschehen muss, um den Erfolg des Projekts zu sichern. Bei diesen Entscheidungen geht es um folgende Fragen:

◆ Was ist die wahre Ursache des aktuellen Problems?
◆ Welches ist die wirksamste und wirtschaftlichste Lösung?

Dieses Kapitel beschäftigt sich damit, wie der Projektleiter die Informationen sammelt, analysiert und verwendet, die er zur Durchdringung des Problems braucht, und wie er sie analysiert und einsetzt um eine schnelle und ökonomische Lösung herbeizuführen. Zunächst wollen wir uns jedoch mit der Erkennung des Problems befassen.

PROBLEM – URSACHE ODER WIRKUNG?

Probleme im Rahmen von Projekten äußern sich auf vielfältige Weise. Es können z. B. trotz sorgfältiger Terminplanung Verzögerungen eintreten und der Projektleiter bemerkt dafür die unterschiedlichsten Anzeichen:

◆ Arbeitsrückstände,
◆ nicht erreichte Projekt-Meilensteine,
◆ steigendes Ausmaß an Stress und Konflikten innerhalb des Projektteams,
◆ steigende Zahl der Überstunden.

Zunächst wird der Projektleiter annehmen, entweder die Leistung oder die Anzahl der Mitarbeiter sei zu gering. Aber es kommen noch andere Ursachen infrage:

◆ schlechte Überwachung der Arbeit,
◆ unzureichende Information über die Aufgaben,
◆ ungenügende Kontrollinformationen,
◆ schlechte Planung,
◆ schlechte Koordination der verschiedenen Aufgaben und Positionen,
◆ Fehlen von Ausrüstung oder Maschinen,
◆ schlechte Entscheidungen des Projektleiters.

An dieser Stelle erscheint es sinnvoll, dass wir uns daran erinnern, dass alle Projekte einen Input von Informationen, Menschen oder Ressourcen haben. Hierin liegt ein erhebliches Störungspotenzial, das geeignet ist im Projektverlauf Probleme hervorzurufen.

Der erste Schritt zu einer Problemlösung liegt nun aber nicht darin, voreilige, scheinbar nahe liegende Schlüsse zu ziehen, sondern vielmehr darin, den Dingen auf den Grund zu gehen und die wirklichen Ursachen zu erforschen.

WELCHES PROBLEM?

Das Kernproblem eines Projekts kann mithilfe eines systematischen Verfahrens analysiert werden, indem folgende Fragen gestellt werden:

◆ Was geschieht?
◆ Wo geschieht es?
◆ Wann geschieht es?
◆ Warum geschieht es?

Wendet man diese Technik auf ein konkretes Problem an, erhält man Antworten wie:

◆ Was geschieht? Antwort: Die Aktivitäten b, c und f laufen nicht mehr nach dem Zeitplan ab.
◆ Wo geschieht es? Antwort: Die gravierendste Verzögerung hat sich während des Produktionsprozesses, und zwar beim Druck, ergeben.
◆ Wann geschieht es? Antwort: Der Arbeitsrückstand hat sich in der 32. Woche ergeben.
◆ Warum geschieht es? Antwort: nicht ganz klar; die Ursachen könnten sein:
    – verspätete Materiallieferungen,
    – schlechte Leistung,
    – schlechte Überwachung,
    – schlechte Aufgabendefinition,
    – unzureichende Unterweisung in einzelnen Aufgaben,
    – unzureichende Ausrüstung.

Wenn diese Antworten auch keine klare Definition des Problems liefern, so ist man den möglichen Ursachen doch näher gekommen. Genaueres lässt sich bestimmen, wenn man auf dieselbe Weise mit den Antworten auf die „Warum"-Frage verfährt:

◆ Welche Materialien wurden zu spät geliefert? Antwort: Rote Tinte;
◆ Wo hat sich diese Verzögerung ergeben? Antwort: Im Lager des Lieferanten;
◆ Wann hat sich diese Verspätung ergeben? Antwort: Bereits in der 29. Woche;
◆ Warum hat sich diese Verzögerung ergeben? Antwort: Die Bestellung hatte eine niedrige Priorität beim Lieferanten.

Das Ergebnis dieser Analyse besagt also, dass es sich nicht um ein Arbeits- oder Produktivitätsproblem handelt, sondern dass die Ursache beim Lieferanten zu suchen ist. Der Projektleiter kann nun entscheiden einen anderen Lieferanten zu beauftragen oder den ursprünglichen Lieferanten zur Auslieferung zu bewegen.

Das Kernproblem eines Projekts kann jedoch auch auf eine andere Art ermittelt werden, und zwar durch die Klärung der Ursachen/Wirkung-Abhängigkeiten anhand eines „Fischgrät"-Diagramms. Dafür notieren Sie in einen Kasten auf der rechten Seite eines Blattes Papier Ihr Problem. Zeichnen Sie dann einen Pfeil quer über das Blatt und in Richtung auf diesen Kasten. Fügen Sie vier weitere Pfeile hinzu, die in den Hauptpfeil münden. Jeder dieser Seitenpfeile repräsentiert eine Gruppe von möglichen Ursachen für Ihr Problem, und jede könnte dieses Problem verursacht haben. Die einzelnen Gruppen von Ursachen betreffen in der Regel Menschen, Ausrüstung, Methoden und Materialien, die am Projekt beteiligt sind. Wendet man diese Technik auf das oben genannte Beispiel an, ergibt sich folgendes Diagramm:

Abb. 35   **Ursache und Wirkung**

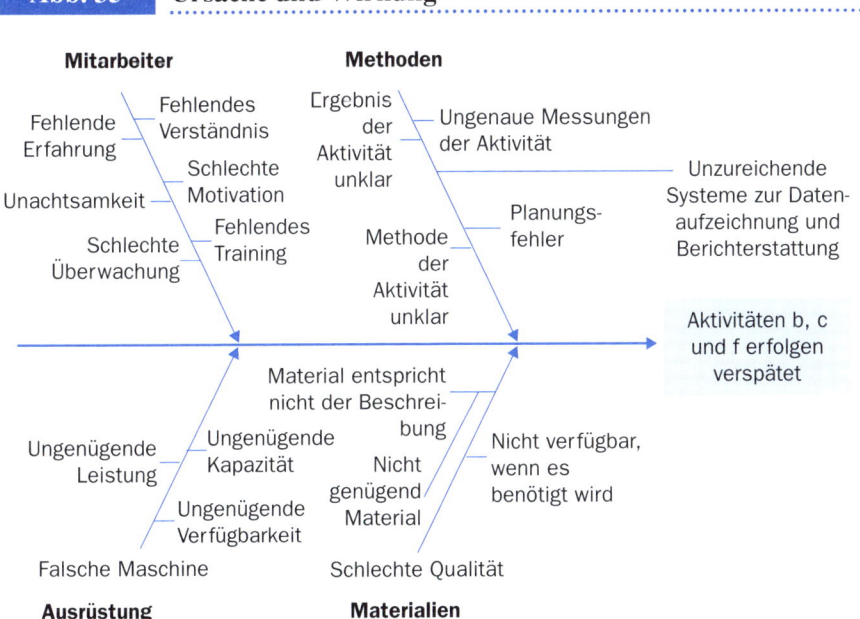

Wenn dieses Diagramm gewissenhaft erstellt wird, liefert es eine umfassende Liste aller infrage kommenden Ursachen für Ihr im Kasten notiertes Problem. Zwar besagt es ebenso wenig wie die beschriebene Frage/Antwort-Technik, worin das Kernproblem nun besteht, aber es bewahrt vor voreiligen Schlüssen. Um das eigentliche Problem herauszufinden, wendet man die Technik wiederholt an, wobei man von Mal zu Mal detaillierter vorgeht.

*I*NFORMATIONEN, DATEN, FAKTEN UND ZAHLEN

Die beiden dargestellten Techniken vermitteln, sofern sie sorgfältig angewandt werden, umfassenden Aufschluss über die Ursachen des auftretenden Problems. Nun muss es genauer analysiert werden, und zwar anhand weiterer Einzelheiten, die

◆ bestätigen, dass das jeweilige Problem auch wirklich das gesuchte ist und nicht Symptom eines anderen, tiefer liegenden und
◆ potenzielle Lösungen für dieses Problem bieten.

In Kapitel 6 haben Sie gesehen, dass Projektleiter, wie alle anderen Manager auch, häufig Entscheidungen auf der Basis von unzureichenden oder ungenauen Informationen treffen müssen.

Es wurde auch deutlich, dass der herrschende Zeit- und Kostendruck den Projektleiter oft zwingt, sich nur für die zweitbeste Lösung zu entscheiden. Dessen ungeachtet können Entscheidungen immer nur so gut sein wie die Informationen, auf denen sie beruhen. Wenn also der Projektleiter auf die Informationsbeschaffung viel Mühe verwendet, so lohnt sich der Zeitaufwand allemal. Zeit ist ein wertvolles Gut und deshalb sind Techniken gefragt, die die optimale Nutzung der verfügbaren Zeit ermöglichen.

■ Diagramme

Diagramme können auf verschiedene Weise zur Problemlösung in Projekten herangezogen werden; beispielsweise lassen sich alle Inputs und Outputs eines Prozesses darstellen.

Abb. 36 **Input und Output**

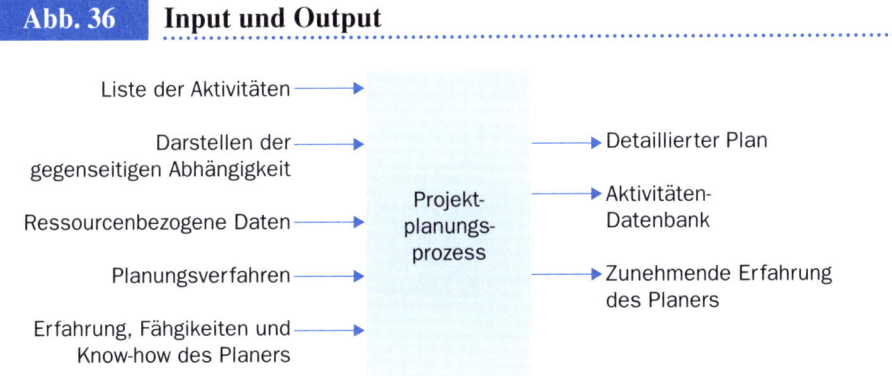

Für die Erstellung des Input/Output-Diagramms ist es erforderlich, dass der Prozess der Projektplanung bekannt ist und dass alle Inputs und Outputs des Prozesses erkannt wurden. Dadurch kann später beim Einsatz komplizierterer Techniken auf zuverlässige Informationen zurückgegriffen werden.

Mithilfe eines Diagramms kann auch überprüft werden, ob alle Ursachen eines Problems erfasst wurden.

Abb. 37 **Zusammensetzung der Projektkosten**

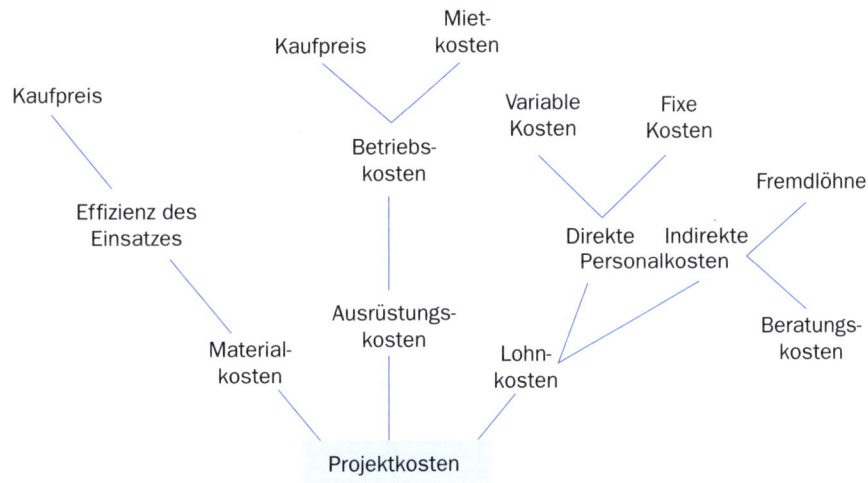

Diese Art von Diagramm wird oft Ursachen-Diagramm genannt; es dient dazu die Beziehungen zwischen Ursache und Wirkung eines Problems zu erkennen.

■ Stichproben

Bei der Suche nach den Ursachen neigt man leicht dazu, alles zu bewerten und Unmengen von Daten zusammenzustellen, deren Aufbereitung mit einem großen Aufwand an Zeit und Kosten verbunden ist. Dies lässt sich jedoch vermeiden, indem man Stichproben macht: sie erlauben Rückschlüsse auf den Rest und beschleunigen so die Überprüfung der verfügbaren Informationen. Stichproben können aus jeder Art von Daten erhoben werden, einschließlich:

◆ Daten über die Tätigkeiten der Projektmitarbeiter,
◆ Daten über die Nutzung der Ausrüstung,
◆ Daten über Verzögerungen an Schlüsselpunkten des Projekts.

■ Verwendung von Kennzahlen

Kennzahlen sagen viel aus über

◆ Fehlerquoten bei Schlüsselaktivitäten wie Schweißen oder Schreiben – ausgedrückt in Prozent des gesamten Outputs,
◆ Maschinennutzung – ausgedrückt in Einsatzstunden pro verfügbarer Zeit,
◆ Tätigkeit der Mitarbeiter – ausgedrückt in Arbeitsstunden pro verfügbarer Zeit;

oder weniger direkt, aber genauso nützlich:

◆ Anzahl der telefonischen Reklamationen pro Stunde,
◆ durchschnittliche krankheitsbedingte Fehlzeiten pro Mitarbeiter,
◆ durchschnittlicher Auftragswert pro Kunde.

Diese Kennzahlen weisen auf die Gebiete hin, die im Vergleich zu anderen weniger produktiv sind. Es gibt unzählige mögliche Ursachen für die niedrigere Produktivität, beispielsweise eine defekte Maschine, Verzögerungen bei der Materiallieferung, eine schwierige Aufgabe oder zu späte Entscheidungen durch das Management.

Auch wenn diese Kennzahlen nichts über die Ursachen aussagen, so zeigen sie doch an, dass eine einzelne Aufgabe, Tätigkeit oder Maschine genauer überprüft werden muss. Eine wirksame Ergänzung dieser Kennzahlen ist die 80:20-Regel, die besagt, dass ein kleiner Teil der näher untersuchten Aktivitäten (20%) für einen großen Teil (80%) der Auswirkungen verantwortlich ist. Deutlich wird dies an der Personaleinsatzzeit, die für die Patientenbetreuung in einer Unfallklinik erforderlich ist. Die meisten Patienten haben geringere Verletzungen oder Beschwerden und beanspruchen das Personal nur begrenzt. Eine kleine Anzahl Patienten mit lebensgefährlichen Verletzungen beansprucht und erhält jedoch einen großen Teil des Personaleinsatzes. Untersuchungen über den Einsatz des Personals besagen, dass die Minderheit der Patienten (20%) den Großteil der Arbeitszeit des Personals (80%) in Anspruch nimmt. Dies kann auf jede Art von Tätigkeit angewendet werden, wie sie beispielsweise auch in einem Schreibbüro oder in einer Schweißerei anfallen. Die Mehrheit der falsch geschriebenen Briefe oder der fehlerhaften Schweißarbeiten ist nur auf eine Minderheit der Schreibkräfte bzw. der Schweißer zurückzuführen. Diese Regel, die auch „Pareto-Regel" genannt wird, ermöglicht die Konzentration der Aufmerksamkeit auf die unproduktiven Schreibkräfte oder Schweißer und die Behebung dessen, was für die hohe Fehlerquote verantwortlich ist. In allen Projekten gewährleistet die 80:20-Regel, dass das Dickicht aus überschüssigen und potenziell irreführenden Informationen gelichtet und die Aufmerksamkeit auf die Aspekte des jeweiligen Problems gerichtet werden kann, die schnell und mit einem Minimum an Daten entscheidende Veränderungen möglich machen.

PROBLEMANALYSE

Gleichgültig, mit welcher Technik das Kernproblem und die zugehörigen Daten identifiziert werden, es wird immer nötig sein, diese Informationen genau zu überprüfen und ihre wesentlichen Bestandteile herauszufiltern, sie also einer Analyse zu unterziehen. Die Durchführung dieser Analyse kann beträchtliche Auswirkungen sowohl auf die Qualität als auch auf die Geschwindigkeit der Entscheidungsfindung und des Problemlösungsprozesses des Projektleiters haben. Wenn sie erfolgreich sind, wirken sich solche Analysen positiv auf die Qualität wie auf die Geschwindigkeit des Problemlösungsprozesses aus.

Im Folgenden finden Sie einige Beispiele dafür, welche Techniken dafür infrage kommen.

153

Durchschnittswert, Median und Modalwert

Die Untersuchung einer Gruppe von Zahlen wird erleichtert, wenn diese Gruppe auch durch eine einzige Zahl repräsentiert werden kann. Dies kann auf verschiedene Arten geschehen:

◆ Durchschnittswert. Die arithmetische Summe der Werte wird durch die Anzahl der Zahlen geteilt:
Gruppe: 9, 5, 10, 8, 25, 8, 14, 8 und 11
Arithmetische Summe: 98
Anzahl der Zahlen: 9
Durchschnitt: 10,88

◆ Median (Zentralwert). Dies ist der Wert der mittleren Zahl der Gruppe, wobei die Zahlen nach der Höhe ihres Wertes angeordnet werden. Für die obige Zahlengruppe ergibt sich diese Abfolge:
5, 8, 8, 8, 9, 10, 11, 14, 25
und der Median ist die fünfte Zahl: 9.

◆ Häufigster Wert (Modalwert).
Das am häufigsten vorkommende Element einer Gruppe wird bei dieser Technik ausgewählt; hier ist es die 8.

Diese Mittelwerte werden in verschiedenen Bereichen eingesetzt:

◆ Das arithmetische Mittel steht für alle Zahlen der Gruppe. Schwankungen dieses Werts zeigen Veränderungen in der Gruppe an.

◆ Mit dem Median wird die Gruppe als Ganzes dargestellt. Der Median kann ermittelt werden, wenn die Anzahl der Elemente und ihre Verteilung diesseits und jenseits der Mitte feststeht, obwohl der exakte Wert aller Faktoren unbekannt ist.

◆ Die Beurteilung anhand des Modalwertes ist möglich, wenn lediglich der Wert der mittleren Faktoren einer Gruppe bekannt ist oder wenn der wahrscheinlichste Wert einer Variablen ermittelt werden soll.

Gleitender Durchschnitt

Anhand des gleitenden Durchschnitts lässt sich feststellen, ob ein Faktor seinen Wert verändert und in welche Richtung. In einem Projekt zur Herstellung eines Buches kann die Anzahl der wöchentlich geschriebenen Seiten wie folgt variieren:

Woche	Anzahl der geschriebenen Seiten
1	12
2	13
3	10
4	15
5	17
6	9

Die durchschnittliche Anzahl der geschriebenen Seiten innerhalb eines dreiwöchigen Zeitraums beträgt:

Zeitraum	Durchschnittliche Anzahl der geschriebenen Seiten
Wochen 1–3	11,66
Wochen 2–4	12,66
Wochen 3–5	14,00
Wochen 4–6	13,66

Diese gleitenden Durchschnitte ermöglichen es, die Entwicklung der Anzahl der geschriebenen Seiten zu überwachen, ohne dass Irritationen durch extreme Werte oder durch normale Schwankungen entstehen.

■ Entscheidungsbaum

Entscheidungen zur Problemlösung sind hinsichtlich ihrer Ergebnisse immer mit Ungewissheiten behaftet. Mithilfe eines Entscheidungsbaumes ermittelt man die Erfolgswahrscheinlichkeit und die finanziellen Konsequenzen der Ergebnisse.

Wenn der Zeitplan eines Projekts nicht einzuhalten ist, hat der Projektleiter zu entscheiden, ob durch eine zusätzliche Kapitalinvestition die Verspätung aufzuholen ist. Die Erfolgswahrscheinlichkeit dafür liegt bei 60%, dagegen ist die Wahrscheinlichkeit den Plan ohne Gegenmaßnahmen zu erfüllen nur mit 10% zu veranschlagen. Wie der Entscheidungsbaum für diesen Fall aussieht, zeigt Abbildung 38 auf Seite 156.

Abb. 38   **Entscheidungsbaum**

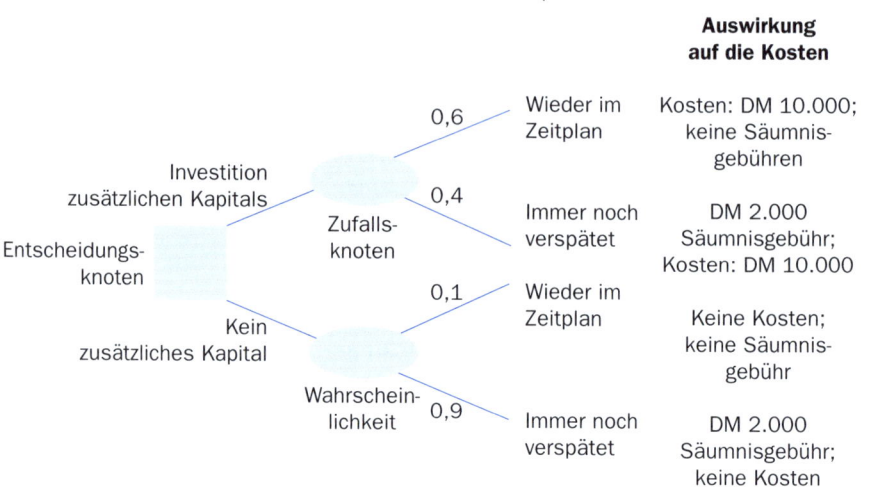

Die wahrscheinlichen Kosten dieser verschiedenen Alternativen werden sich belaufen auf:

zusätzliches Kapital – DM (10.000 x 0,6 + 12.000 x 0,4) = DM 10.800
kein zusätzliches Kapital – DM (0 x 0,1 + 2.000 x 0,9) = DM 1.800

Die beste Entscheidung in diesem Fall ist, kein zusätzliches Kapital zu investieren, und zwar aufgrund der niedrigen Säumnisgebühren. Steigen die Säumnisgebühren jedoch auf DM 30.000, werden die wahrscheinlichen Kosten so aussehen:

zusätzliches Kapital – DM (10.000 x 0,6 + 40.000 x 0,4) = DM 22.000
kein zusätzliches Kapital – DM (0 x 0,1 + 30.000 x 0,9) = DM 27.000

In diesem Fall würde die Entscheidung natürlich zugunsten einer zusätzlichen Kapitalinvestition ausfallen. Entscheidungsbäume können Ihnen die Entscheidungen nicht abnehmen und ihre Ergebnisse sind nur so zuverlässig wie die Wahrscheinlichkeitsschätzung für die einzelnen Alternativen. Immerhin lassen Entscheidungsbäume erkennen, welche dieser Einschätzungen kritisch ist und wie sich alternative Werte auswirken.

ANTWORTEN UND LÖSUNGEN

Welche Technik Sie auch immer als Entscheidungshilfe wählen: Am Ende müssen Sie praktikable und ökonomische Lösungen für Ihre Probleme finden. Für die meisten Fälle gibt es mehrere Möglichkeiten, die alle ihre Vor- und Nachteile haben. Sie müssen sich also entscheiden, wie Sie Ihrem Problem am besten beikommen.

Die Lösungen unserer Probleme fallen uns nicht einfach in den Schoß – sie müssen hart erarbeitet, manchmal sogar erzwungen werden. Sie wissen, dass für diesen Prozess mitunter nur unvollkommene und/oder ungenaue Informationen zur Verfügung stehen. Die Verfahren zur Identifizierung und Bewertung potenzieller Problemlösungen sollten folgende Eigenschaften aufweisen:

◆ ausreichende Robustheit, um das Fehlen von sachlichen Informationen „überleben" zu können;
◆ Sie müssen auch mit wenigen verfügbaren Daten etwas anfangen können;
◆ Sie müssen folgerichtig zuverlässige Ergebnisse produzieren können.

■ Brainstorming

Vielleicht aufgrund seines Namens wird das Brainstorming oft als Ausbruch von spontaner Kreativität einer einzelnen Person verstanden. Weit gefehlt! Bei diesem Prozess handelt es sich um eine strukturierte und konsequente Inangriffnahme eines Problems, bei der eine Gruppe von Menschen spontane Ideen sammelt, die anschließend diskutiert und bewertet werden. Die Grundregeln dieses Verfahrens sind folgende:

◆ die Gruppe sollte:
  – nicht diejenigen mit einbeziehen, die zu entscheiden haben, welche Lösung akzeptiert wird,
  – so viele verschiedene Personen mit einbeziehen wie nur möglich,
  – aus 8 bis 15 Teilnehmern bestehen.
◆ Es ist Aufgabe der Gruppe Lösungen zu finden, nicht sie zu bewerten.
◆ Alle Lösungen werden akzeptiert, wie unlogisch, undurchführbar oder lächerlich sie auch erscheinen mögen.

In seiner ausführlichsten Form hat das Brainstorming drei Phasen.

Ideenentwicklung

Zu Beginn dieser Phase wird die Gruppe über das Problem informiert, das es zu lösen gilt, und ein Mitglied als Leiter der Gruppe gewählt. Der Leiter hat die Gruppe daran zu erinnern, dass die Ideen im ersten Schritt nicht bewertet, sondern alle akzeptiert werden, und es ist seine Aufgabe, alle Ideen auf Flipcharts zu notieren.

Die Vorschläge werden von den Gruppenmitgliedern formuliert, und zwar ohne Erklärung oder Begründung, und sofort als nummerierte Liste niedergeschrieben. Die Dauer dieser Phase hängt von der Erfahrung der Gruppe und der Komplexität des Problems ab, ca. 30 Minuten sind normal. Schweigen in der Gruppe sollte jedoch nicht als Signal für das Ende dieser Phase gedeutet werden – es kann genauso gut sein, dass dies die Ruhe vor dem nächsten (Ideen-)Sturm ist. Wenn keine weiteren Vorschläge kommen, sollte mit der nächsten Phase begonnen werden.

Kategorisierung

Die aufgelisteten Vorschläge werden nun von der Gruppe kategorisiert. Übliche Kategorien sind gut, schlecht und ungewöhnlich, aber es gibt auch die Klassifizierung in möglich, nicht möglich, kommt nicht infrage.

Es kann hilfreich sein ähnliche Ideen unter einer der genannten Kategorien zusammenzufassen. Außergewöhnliche oder nicht infrage kommende Ideen werden dann darauf geprüft, ob sie einer der vorhandenen Kategorien zuzuordnen sind oder ob eine neue geschaffen werden muss.

Auswahl

Jeder Teilnehmer notiert nun die drei Ideen, Vorschläge oder Lösungen, die er für die aussichtsreichsten hält; diese werden dann gesammelt und verglichen.

■ Laterales Denken

Im Allgemeinen setzten wir unsere Erfahrung und unser Wissen ein, um ein Problem logisch und systematisch zu durchdringen um dann anhand einer Beurteilung eine Lösung zu finden. Jeder dürfte jedoch schon die Erfahrung gemacht haben, dass Lösungsmöglichkeiten sich spontan und unlogisch einstellen, als wären sie vom Himmel gefallen. Das laterale Denken hilft diesen Prozess zu verstärken, bewusst aus den strukturierten Denkmustern auszubrechen und kreativ mit den verfügbaren Informationen zu arbeiten, und zwar durch

◆ die Erkenntnis, welche Faktoren das Denken einschränken oder dominieren – beispielsweise die Tatsache, dass eine Aktivität innerhalb des Projekts immer auf dieselbe Weise verrichtet wird oder dass gewisse Abläufe immer wieder-kehren;

◆ den Einsatz einiger einfacher Techniken, die die Kreativität anregen – wie beispielsweise durch Wortassoziationen oder dadurch, dass man versucht die Dinge unter einem anderen Aspekt zu betrachten.

Das laterale Denken wird im Allgemeinen als Ergänzung zu den mehr konven-tionellen Methoden der Problemlösung eingesetzt. Die Ideen, die hierbei ent-stehen, werden nach den üblichen logischen Maßstäben bewertet.

*D*IE AUSWAHL DER LÖSUNG

Die meisten der Methoden, die wir beschrieben haben, bringen mehrere mögliche Lösungen für die Probleme eines Projekts hervor; nun muss eine davon ausge-wählt werden. Diese Wahl kann auf unterschiedliche Weise getroffen werden; hier finden Sie zwei Beispiele.

■ Delphi-Methode

Die Delphi-Methode wurde ursprünglich für Voraussagen im technologischen Bereich eingesetzt. Es geht dabei um die Analyse eines Fragebogens, der an eine Anzahl von Experten geschickt worden war, wodurch diese wiederum nicht dem hemmenden Einfluss einer Round-Table-Diskussion ausgesetzt waren. Wie das Brainstorming vereint diese Methode eine Gruppe und stellt eine Reihe möglicher Lösungsvorschläge für ein Problem vor. Diese Personen werden dann gebeten, die ihrer Meinung nach „richtige" Lösung zu benennen. Die Entscheidung kann jeder für sich treffen, ohne dass darüber diskutiert wird, wenngleich inhaltliche Fragen zu den einzelnen Alternativen gestellt werden können. Die von den Einzelnen ausgewählten Möglichkeiten werden weder in der Gruppe diskutiert noch über-haupt mitgeteilt, sondern auf ein Blatt Papier geschrieben, das dem Gruppenleiter übergeben wird. Dieser vergleicht die favorisierten Lösungen, stellt sie zusammen und teilt der Gruppe mit, welche Alternative die wenigsten Stimmen bekommen hat. Diese scheidet aus und der Vorgang wird solange wiederholt, bis eine Alternative sich eindeutig als „Siegerin" erweist.

Bei dieser Methode können die einzelnen Gruppenmitglieder ihre Intuition, ihre Kenntnisse und Fähigkeiten einbringen, ohne dass sie durch Gruppenzwang beeinträchtigt werden.

▪ Nutzwertanalyse

In Kapitel 3 haben Sie gelesen, wie das Ranking (Nutzwertanalyse) zur Entscheidung darüber herangezogen werden kann, welches Projekt durchgeführt werden soll, und welche Lösungsmöglichkeit geeignet ist, das Problem zu lösen. Die Ranking-Methode basiert, wie schon gesagt, darauf, dass die einzelnen Vorschläge nach bestimmten Kriterien eine Rangfolge erhalten, und zwar im Verhältnis zueinander; die Alternative mit dem höchsten Rang wird dann ausgewählt. Die jeweiligen Kriterien spiegeln die Phase des Projekts sowie die Art des Problems wider, müssen jedoch genauso auf alle anderen Alternativen anwendbar

Abb. 39 **Nutzwertanalyse mit Gewichtung**

Kriterien	Alternative Lösungen							
	A		B		C		D	
	ursprünglich	gewichtet	ursprünglich	gewichtet	ursprünglich	gewichtet	ursprünglich	gewichtet
Kosten Gewichtungsfaktor = 1	1	1	3	3	2	2	4	4
Zeit Gewichtungsfaktor = 0,5	2	1	1	0,5	3	1,5	4	2
Ausführung Gewichtungsfaktor = 2	1	2	3	6	2	4	4	8
Qualität Gewichtungsfaktor = 0,75	2	1,5	1	0,75	4	3	3	2,25
Gesamt		5,5		10,25		10,5		16,25

sein. In den frühen Phasen eines Projekts wird man der Alternative mit dem geringsten Zeitaufwand den Vorrang geben, während in den späteren Phasen die Qualität des Ergebnisses die Wahl bestimmt. Ein Beispiel für ein Ranking, das diese Gewichtung berücksichtigt, sehen Sie in der Abbildung 39.

In diesem Beispiel reicht die Bewertungsskala von 1 = beste Alternative bis 4 = schlechteste Alternative. Die Alternative A hat die niedrigste Punktzahl erhalten und wird aus diesem Grund als Lösungsvorschlag akzeptiert.

ZUSAMMENFASSUNG

■ Probleme sind Situationen, die
  – unseren Erwartungen nicht entsprechen,
  – schwierig oder unangenehm,
  – verwirrend oder verworren,
  – anscheinend unlösbar sind.

■ Projekte haben Probleme, die
  – jeden Aspekt des Projekts betreffen können
  – eine Vielzahl von Ursachen, aber auch von Lösungen haben.

■ Projektprobleme können gelöst werden durch
  – Zusammentragen und Analysieren von Informationen,
  – Identifizierung des Kernproblems,
  – Entwicklung verschiedener Lösungsmöglichkeiten,
  – Auswahl der umzusetzenden Alternative.

■ Informationen in Bezug auf die Probleme des Projekts können
  – anhand von Diagrammen, Stichproben oder Kennzahlen ermittelt werden,
  – anhand von arithmetischen Mittelwerten, Zentralwerten (Median) oder Modalwerten, gleitenden Durchschnitten oder Entscheidungsbäumen analysiert werden.

■ Alternative Lösungen können
  – durch Brainstorming oder laterales Denken ermittelt werden,
  – durch die Delphi-Methode oder eine Nutzwertanalyse bewertet werden.

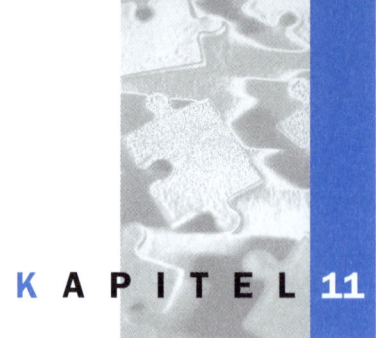

Konfliktmanagement

ÜBERBLICK

An Projekten wirken viele Einzelpersonen und Gruppen mit und die Hoffnungen, Bedürfnisse und Wünsche der Beteiligten sind oft nicht miteinander vereinbar. Daraus entstehen Konflikte. Wie diese ausgeräumt bzw. zum Vorteil des Projekts gewendet werden können, erfahren Sie in diesem Kapitel.

ZIELE

Wenn Sie dieses Kapitel gelesen haben, haben Sie ein besseres Verständnis für
- die Ursachen von Konflikten,
- ihre besonderen Merkmale,
- die Bedeutung von Verhandlungen für Konfliktlösungen,
- die Techniken, die erforderlich sind, um erfolgreich zu verhandeln und
- die Auswirkungen von Verhandlungen auf den Projekterfolg.

ÄRGER UND STREIT

In Kapitel 7 haben Sie erfahren, dass ein gutes Projektteam ein Schlüsselfaktor für den Erfolg jedes Projekts ist und dass die Mitglieder dieses Teams gemeinsame Ziele und Absichten haben, kooperativ handeln und gemeinsam – und nicht jeder für sich – Ergebnisse liefern.

Jeder von Ihnen wird jedoch schon die Erfahrung gemacht haben, dass das gute Einvernehmen häufig durch Meinungsverschiedenheiten und Auseinandersetzungen gestört wird. Viele Unternehmen sehen darin unerwünschte Störungen im Geschäftsverlauf. Ihr Konfliktmanagement besteht aus Verdrängung und Unterdrückung. Den Konflikt beseitigt man, indem man als Ultima Ratio seine Urheber aus dem Unternehmen entfernt.

Aber diese Art der Konfliktbewältigung ist nicht die Regel, denn die meisten Unternehmen nutzen Konflikte konstruktiv. Wie Sie in Kapitel 9 gelesen haben, bedient sich ein kluges Management von Veränderungsprozessen des Konflikts konstruktiv, um Einsicht und Verständnis bei den Mitarbeitern zu wecken.

Die tägliche Erfahrung lehrt, dass Konflikte in der tagtäglichen Interaktion von Menschen, sei es im privaten oder im beruflichen Kontext, nichts Ungewöhnliches sind. Ein gewisses Konfliktpotenzial scheint Bestandteil zwischenmenschlicher Beziehungen zu sein – vielleicht wegen unseres angeborenen Triebs, Besitzstände und Ressourcen zu beanspruchen.

Es ist also deutlich geworden, dass es zwei grundsätzlich verschiedene Möglichkeiten der Konfliktbewältigung gibt. Welche die geeignete ist, kann man erst entscheiden, wenn man Gründe und Ursachen des jeweiligen Konflikts untersucht hat.

KONFLIKTE – GRÜNDE UND URSACHEN

Konflikte entstehen meist dann, wenn Menschen sich in ihren Interessen oder Anliegen missverstanden oder nicht wahrgenommen fühlen. Konflikte können sich auf alle Lebensbereiche beziehen und sind höchst unterschiedlicher Natur: vorübergehend oder dauerhaft, zwischen einzelnen Personen oder zwischen Gruppen und die Konsequenzen können geringfügig oder schwerwiegend, kurzlebig oder von längerer Dauer sein.

Konflikte ereignen sich beispielsweise auf Gebieten wie:

◆ Politik – zwischen Sozialdemokraten und Konservativen,
◆ Religion – zwischen Katholiken und Protestanten,
◆ Sport – zwischen Fans von Bayern München und Borussia Dortmund,
◆ Geld – wer schuldet wann was wem?

Andere Konflikte entstehen, weil

◆ begrenzte Ressourcen von verschiedenen Personen oder Gruppen gleichzeitig beansprucht werden,
◆ Menschen unsicher sind, wer für etwas Verantwortung hat,
◆ die Bezahlung als ungerecht empfunden wird,
◆ unterschiedliche Auffassungen bestehen,
◆ Standpunkte „Sie" kontra „Wir" vertreten werden,
◆ Menschen nicht miteinander auskommen.

KONFLIKTE – GUT ODER SCHLECHT?

Die übliche Ansicht über Konflikte besagt, dass sie schlecht und unzweckmäßig sind und aus fehlerhaftem Verhalten entspringen; deshalb sollte Konfliktmanagement darauf abzielen, die Auswirkungen auf die Beteiligten möglichst gering zu halten.

Natürlich gibt es Formen von Konflikten, wie Kriege, Misshandlung von alten Menschen oder Missbrauch von Kindern, die wir alle völlig inakzeptabel finden. Andere Formen von Konflikten bewirken klarere Einsichten in Sachverhalte oder größeres Verständnis für Differenzen; man könnte sie als „gute" Konflikte bezeichnen.

Ob man einen Konflikt als gut oder schlecht einschätzt, ist nicht unerheblich, denn es hat beträchtliche Auswirkungen darauf, wie mit diesem Konflikt umgegangen wird.

Beurteilt man Konflikte grundsätzlich als schlecht, wird man auf jeden Fall Situationen vermeiden, die dazu führen könnten. Man wird also für das Projektteam nur solche Personen auswählen, von denen man sicher sein kann, dass sie sich reibungslos einfügen, und man wird denen, die lautstark auf ihren Ansprüchen bestehen, nur des lieben Friedens willen Zugeständnisse machen.

Wer aber Konflikte als gut und nützlich betrachtet, wird sich immer wieder in spannungsreichen Situationen befinden, die er möglicherweise sogar bewusst herbeigeführt hat. Und sicher wird er für das Projektteam Mitglieder auswählen, von denen er sich fruchtbare Auseinandersetzungen erhofft.

Im Gegensatz zur herrschenden Meinung hat ein Konflikt sowohl gute als auch schlechte Seiten. Er kann beispielsweise

◆ bewirken, dass ein Problem offen zu Tage tritt und dann gelöst wird;
◆ Gruppen dazu veranlassen, geschlossen gegen einen gemeinsamen Feind vorzugehen, wodurch die Loyalität in der Gruppe steigt;
◆ bewirken, dass über neue Arbeitsweisen nachgedacht wird;
◆ bewirken, dass an den Arbeitsplätzen häufiger und gründlicher über die Qualität der Ausführung nachgedacht wird, und zwar vor allem im Hinblick auf die Konkurrenz und
◆ zu besseren Leistungen anspornen.

Ein Konflikt kann jedoch ebenso
◆ negative Emotionen und Stress verursachen, was ein schlechtes Arbeitsklima zur Folge hat,
◆ die Kommunikation zwischen einzelnen Personen und Gruppen stören und
◆ Manager zu einem autoritären Führungsstil veranlassen.

Unsere Arbeitswelt ist vor allem die Arena, in der wir unsere Kämpfe für unsere Ziele und Wünsche austragen und oftmals auch darum ringen unsere Bedürfnisse mit denen des Unternehmens in Einklang zu bringen. Unter diesen Umständen sind Konflikte unvermeidlich. Bedenklich daran ist aber, dass es nicht nur auf die Qualität, also gut oder schlecht, sondern auch auf die Häufigkeit der Konflikte ankommt. Denn zu viele Konflikte am Arbeitsplatz verhindern produktives Arbeiten und erhöhen die Personalfluktuation. Zu wenige dagegen lähmen das Engagement und Gleichgültigkeit sowie Selbstgefälligkeit machen sich breit. Das eine wie das andere ist weder dem Erfolg des Projekts noch dem Unternehmen insgesamt zuträglich.

*P*ROJEKTE UND KONFLIKTE

In Kapitel 4 wurde bereits gesagt, dass Konflikte in allen Projekten auftreten, und zwar aufgrund der einander widerstreitenden Bedürfnisse des Auftraggebers, des Projekts und des Projektteams. Worin bestehen nun diese Konflikte und wann treten sie auf?

Die Antwort darauf ist nicht immer einfach zu finden; viele Konflikte im Rahmen eines Projekts entstehen, weil der Auftraggeber kleinste Details der Projektentscheidungen beeinflussen will; oft beansprucht er die Freiheit, die Ziele des Projekts zu ändern, wann immer er es für erforderlich hält. Oder er wünscht ein Projektteam, das absolut loyal ist.

Das Projekt benötigt jedoch klare und eindeutige Ziele, die so früh wie möglich festgelegt werden. Dafür braucht das Projektteam einen Projektleiter mit uneingeschränkten Befugnissen, Mitglieder, die sich nur dem Projekt verpflichtet fühlen, und die Freiheit, Entscheidungen ohne Störungen von außen zu treffen.

Konflikte entstehen oft, wenn es um folgende Themen geht:

◆ Terminpläne – Wer macht was und wann?
◆ Prioritäten – Was wird zuerst erledigt und warum?
◆ Technische Dinge – Setzen wir dies oder das ein?
◆ Administratives Vorgehen – Welches Abrechnungssystem setzen wir ein?
◆ Kostenplanung und -überwachung – Es kann doch nicht so teuer gewesen sein!
◆ Persönlichkeiten – Ich kann diesen Typ nicht ausstehen!

Jeder dieser Konflikte kann in allen Phasen des Projektlebenszyklus auftreten, aber er ist in jeder Phase von unterschiedlichem Gewicht. Die Durchführungsphase beispielsweise ist gekennzeichnet durch Konflikte über

◆ Unterschiede zwischen Plan und Ist und wie sie zu lösen sind,
◆ technische Probleme und wie sie gelöst werden können,
◆ Prioritäten für Personaleinsatz und andere knappe Ressourcen.

In der Schlussphase entstehen Konflikte hinsichtlich

◆ der Zuweisung von Ressourcen um die Fertigstellung sicherzustellen,
◆ der Rückführung der Teammitglieder in die Linie,
◆ der Übergabe des Projektergebnisses an den Auftraggeber.

Ungeachtet aller Unterschiede drehen sich diese Konflikte letztlich immer um Einfluss, Vollmachten und Autonomie.

Die Methode der Konfliktlösung ist ein Bestandteil der Projektorganisation und hat einen erheblichen Einfluss auf den Erfolg des Projekts.

KONFLIKTMANAGEMENT

Konfliktmanagement ist auf verschiedene Arten möglich. Diese spiegeln nicht nur Natur und Ursachen von Konflikten, sondern auch das Verhalten der beteiligten Personen wider. Konfliktmanagement kann bestehen in

◆ Vermeidung
  – Der Konflikt wird ignoriert und man hofft darauf, dass er sich von selbst wieder auflöst
  – Durchsetzung einer Lösung durch eine dritte Partei,
  – Geheimniskrämerei,
  – Einführen von Regeln und Vorgehensweisen,
◆ Zerstreuung oder Entschärfung
  – besänftigendes Verhalten,
  – Beschwören eines wichtigeren Ziels, sodass der Konflikt an Bedeutung verliert.
◆ Zurückhaltung
  – Einsetzen einer neutralen Person als Schiedsrichter oder als Repräsentant der Konfliktparteien,
  – Verhandlungen.
◆ Sich dem Konflikt stellen
  – gemeinsame Problemlösung.

Die Art des Konfliktmanagements ist von den jeweiligen Umständen abhängig. Ein Projektleiter beispielsweise, der unter Zeitdruck steht, weil er sein Projektziel erreichen muss, wird dem Ausbruch eines Konflikts durch Verzögerung von Aktivitäten ausweichen oder ihn mithilfe von Vermeidungsstrategien möglichst weit hinausschieben. Unter anderen Umständen mag es angemessen sein, die betroffenen Personen miteinander zu konfrontieren und die erforderliche Zeit zur Erarbeitung einer Lösung aufbringen. Jedenfalls braucht der Manager Fingerspitzengefühl und Menschenkenntnis, wenn er den richtigen Weg aus der

Konfliktsituation finden will, denn dieser wird auch die Qualität der künftigen Zusammenarbeit beeinflussen.

Ein guter Projektleiter akzeptiert, dass Konflikte unvermeidlich sind. Er behandelt sie so, dass das Projekt gestärkt wird und Situationen geschaffen werden, in denen die Projektmitglieder bereit sind, Risiken zu übernehmen sowie anderen zu sagen, wie sie sich fühlen.

Ein schlechter Projektleiter ignoriert oder unterdrückt Konflikte. Auf diese Weise schwächt er das Projekt und schafft Situationen, in denen die Projektmitarbeiter frustriert sind und nicht bereit, anderen weiter zu vertrauen.

Die Wege, die aus Konfliktsituationen herausführen können, sind zahlreich und nicht immer ist es leicht zu entscheiden, welchen man wählen soll. Anhand einer Gewinner-Verlierer-Matrix können die Entscheidungsmöglichkeiten dargestellt werden.

Abb. 40   Gewinner-Verlierer-Matrix

	Person oder Gruppe B	
	Gewinner	Verlierer
	Gewinner – Gewinner	Gewinner – Verlierer
Gewinner (A)	Verlierer – Gewinner	Verlierer – Verlierer

Diese Matrix besagt, dass man im Falle eines Konfliktes mit einer anderen Person oder Gruppe folgende Wahlmöglichkeiten hat:

◆ reaktives Verhalten; auf die Angriffe des anderen reagiert man mit gleicher oder auch größerer Heftigkeit, der Konflikt eskaliert und beide Parteien verlieren dabei – ein Verlierer-Verlierer-Ergebnis;

◆ aggressives Verhalten; der andere soll bezwungen werden, man selbst gewinnt, der andere verliert – ein Gewinner-Verlierer-Ergebnis;

◆ passives Verhalten; es zielt darauf ab, die eigenen Verluste zu minimieren, der andere gewinnt, man selbst verliert – ein Verlierer-Gewinner-Ergebnis;
◆ positives Verhalten; der andere wird nicht dominiert, gleichzeitig besteht man auf den eigenen Rechten und ist kompromissbereit, daher „gewinnen" beide – ein Gewinner-Gewinner-Ergebnis.

Gesunder Menschenverstand und Selbstschutz beeinflussen in der Regel unser Verhalten dahingehend, dass wir zu folgenden Ergebnissen kommen:

◆ Gewinner-Verlierer-Ergebnis oder
◆ Gewinner-Gewinner-Ergebnis.

Kurzfristig sind zwar beide Ergebnisse des Konfliktmanagements effektiv, aber langfristig führt nur das Gewinner-Gewinner-Ergebnis zum Erfolg des Projekts. Gewinner-Gewinner-Ergebnisse erzeugen Vertrauen und Engagement und machen es möglich, dass zukünftige Ergebnisse auf der festen Basis vergangener Erfolge gründen können. Der Gewinn zu Lasten eines anderen führt nur dazu, dass dieser das nächste Mal seine Anstrengungen verdoppeln wird – und Sie werden verlieren. Die wirksamste Methode das Gewinner-Gewinner-Ergebnis zu erzielen sind von Verhandlungen.

VERHANDLUNGEN

Mit Verhandlungen und Abkommen verbindet man gemeinhin Bilder von gestressten Gewerkschaftlern nach tagelangen Tarifverhandlungen oder von hochrangigen Politikern anlässlich einer Krise. Auf der privaten Ebene denken Sie vielleicht an die Diskussionen mit den Handwerkern beim Kauf Ihres Hauses oder an das ewige Feilschen um einen Teppich im Bazar von Fez, für den Sie dann einen viel zu hohen Preis bezahlt haben. Dies alles sind Beispiele für Verhandlungen – eine Vorgehensweise, die wir alle nutzen und die Bestandteil unseres täglichen Lebens ist: ob wir nun darüber beraten, was es zum Abendessen gibt, wer den Abwasch macht oder wer Staub wischt. Am Arbeitsplatz drehen sich diese Verhandlungen darum, wann wir den vom Chef gewünschten Bericht fertig stellen, welche Prioritäten wir den vielen Aufgaben einräumen oder wer am Wochenende Dienst macht. Diese Verhandlungen können von zwei Einzelpersonen oder von Gruppen geführt werden.

Sie können einer festgelegten Form unterliegen oder auch formlos ablaufen. Die Teilnehmer sind entweder selbst von den Themen betroffen oder sie sind Vertreter der Betroffenen. Im Rahmen von Projekten können sich Verhandlungen darum drehen, wann bestimmte Aktivitäten zu erfolgen haben, wer sie durchführen wird und wie viel sie kosten werden.

Auch Vorschläge für die Änderung des Projektauftrags können Gegenstand von Verhandlungen sein; dann ist zu klären,

◆ welche zusätzlichen Kosten sich ergeben,
◆ wie viel zusätzliche Zeit benötigt wird und
◆ welche Auswirkungen auf die Qualität des Projektergebnisses zu erwarten sind.

Will man Verhandlungen effektiv nutzen, dann muss man erkennen, dass ihr Anlass in den meisten Fällen Konflikte sind, die aus der Divergenz der Bedürfnisse zweier Parteien herrühren. Der Verhandlungsprozess geht von dieser Divergenz aus und zielt darauf ab die Bereiche herauszufinden, in denen eine Einigung möglich ist, und dann diese Einigung in die Tat umzusetzen. Das Ziel ist also, zu Ergebnissen zu kommen, die für alle akzeptabel sind.

Verhandlungen werden oft als Gewinn-Verlust-Prozess angesehen: so, wenn wir beispielsweise unseren marokkanischen Teppich zu einem Preis kaufen, der unter seinem Wert liegt, oder wenn wir unser Haus zu einem Preis verkaufen, der höher als erhofft ist. Wenn Verhandlungen jedoch zum Erfolg eines Projekts beitragen sollen, dann müssen sie auf den „Gewinn" beider Seiten abzielen – Gewinn-Gewinn-Situation – und so auf Zusammenarbeit und Vertrauen aufbauen anstatt auf Konkurrenz, Ausweichen und Geheimhaltung.

VERHANDLUNGSTECHNIKEN

Verhandeln besteht eigentlich aus dem Akt des Feilschens. Wir feilschen, wenn wir ein gutes Geschäft machen, im Austausch gegen Geld Produkte oder Dienstleistungen kaufen oder verkaufen wollen. Dieser Akt, dessen Wurzeln weit in die Geschichte der Menschheit zurückreichen, unterscheidet sich von dem des reinen Tauschhandels, der den Austausch von Waren und Dienstleistungen gegen andere Waren und Dienstleistungen beinhaltet. In der einfachsten Form des Verhandelns sitzen sich zwei Menschen gegenüber um herauszufinden, ob sie sich über einen

Preis einigen können. Denkt man jedoch weiter über diesen Prozess des Feilschens nach, dann begreift man, dass es nicht nur einen einzigen Preis gibt, über den man sich einigen kann (oder auch nicht). Der Käufer beispielsweise wird sich eine obere Grenze gesetzt haben, die er nicht überschreiten will, und einen niedrigeren Preis, zu dem er den Handel gern abschließen möchte. Der Verkäufer hat ebenfalls zwei Preise – einen, zu dem er nicht verkaufen will, und einen, zu dem er gerne verkaufen möchte. Die Verhandlung wird mit einer Reihe von Angeboten und Gegenangeboten geführt. Der Käufer wird ein sehr niedriges Angebot machen und der Verkäufer wird mit einem sehr hohen Angebot dagegenhalten. Die Höhe dieser Angebote sollen sowohl dem Käufer als auch dem Verkäufer die Gelegenheit geben, bezüglich der Preise bzw. Kosten einander entgegenzukommen und so als kompromissbereit zu erscheinen.

In Gewinn-Verlust-Verhandlungen wird der Käufer versuchen, den Preis des Verkäufers zu drücken – wenn möglich auf das Niveau seines „Wunschpreises" – während der Verkäufer trachtet, das Angebot des Käufer nach oben zu treiben – auch hier wenn möglich auf das Niveau seines „Wunschpreises". Diese Preis- und Kostenangebote sind in Abbildung 41 dargestellt.

Abb. 41   Das Spektrum der Angebote

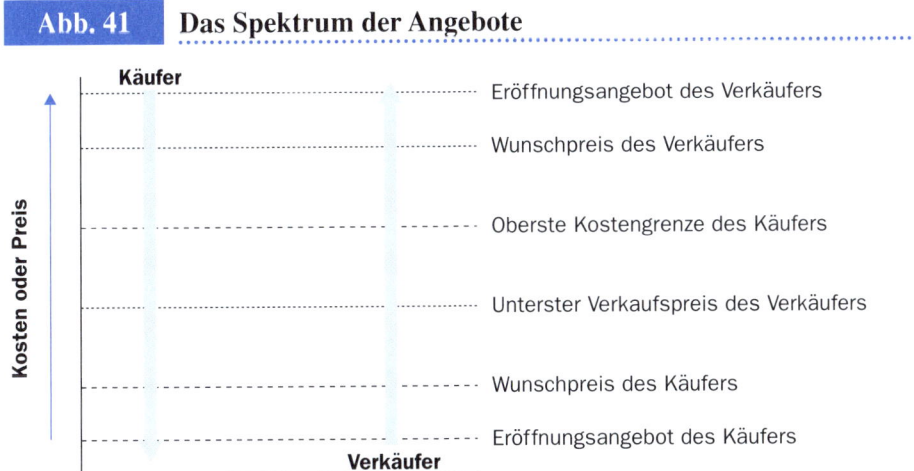

Das Auf und Ab in der Abfolge von Angebot und Gegenangebot ergibt sich durch langsames und widerwilliges Nachgeben und Drohungen oder es wird mit Hinweis auf die Unternehmenspolitik vorgegeben, dass keine Zugeständnisse mehr möglich sind, Termine werden gesetzt und eventuell Außenstehende hinzugezogen.

Wie sich am Schluss die Positionen darstellen, hängt davon ab, wie gewandt und erfahren die Verhandlungsführer sind und ob es weitere Verkäufer bzw. Kaufinteressenten gibt oder nicht. Auch das frühere Preisniveau spielt eine Rolle und, da es oft eine Gewinn-Verlust-Verhandlung ist, wer das letzte Mal gewonnen oder verloren hat.

DER VERHANDLUNGSSPIELRAUM

Betrachtet man die verschiedenen Preis- und Kostengrenzen im zuvor gezeigten Diagramm, wird deutlich, dass es einen Bereich gibt, wo trotz der gegensätzlichen Bestrebungen der Kontrahenten ein Kompromiss oder ein Gewinn-Gewinn-Ergebnis möglich ist.

Dieser Bereich ist der Verhandlungsspielraum und der hat obere und untere Grenzen, nämlich den untersten Verkaufspreis des Verkäufers und die oberste Kostengrenze des Käufers, die in Abbildung 42 dargestellt sind.

Abb. 42   **Verhandlungsspielraum**

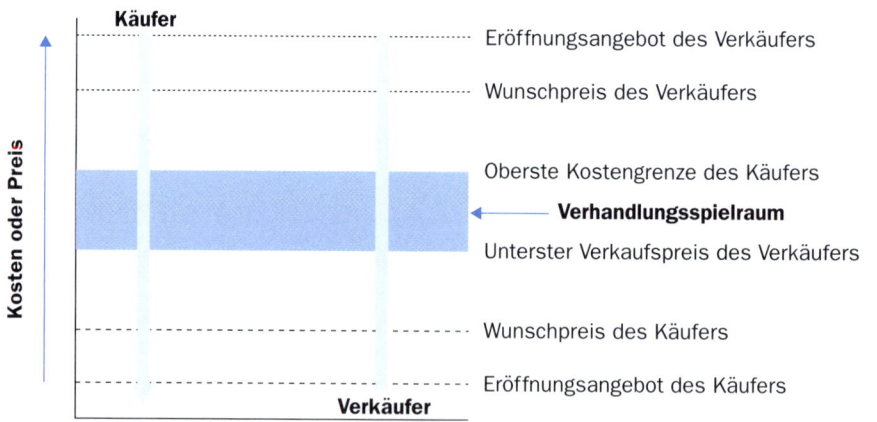

172

Damit dieser Verhandlungsspielraum überhaupt erreicht und ein Gewinn-Gewinn-Ergebnis erzielt werden kann, ist bei beiden Verhandlungsführern wirkliches Geschick und Engagement nötig und eine ganze Reihe spezieller Fähigkeiten:

◆ Aufbau einer starken, auf gegenseitigem Vertrauen beruhenden Beziehung zum Verhandlungspartner;

◆ schnelles und genaues Erkennen, was in der Verhandlung geschieht;

◆ Erkennen, warum es passiert;

◆ Entscheidung, wie damit umzugehen ist;

◆ klare und präzise Kommunikation über

   – Fakten,

   – Empfindungen,

   – Eindrücke;

◆ unbefangenes und vorurteilsloses Zuhören.

Anhand des folgenden Fragebogens können Sie herausfinden, wie gut Ihre Verhandlungsfähigkeiten sind.

WIE GUT SIND SIE ALS VERHANDLUNGSFÜHRER?

Kreisen Sie die Zahl ein, die Ihrer Art Verhandlungen zu führen, am nächsten kommt, und berechnen Sie dann die Summe.

1. Ziele

| Ich versuche immer das beste für mich/meine Seite herauszuholen. | 1 2 3 4 5 6 7 | Ich versuche ein Ergebnis zu erzielen, das alle zufrieden stellt. |

2. Kommunikation

| Ich sage, was ich denke, und hoffe, dass ich verstanden werde. | 1 2 3 4 5 6 7 | Ich versuche den Verhandlungspartner zu erreichen. |

| Ich verstecke meine Gefühle und setze ein „Pokerface" auf. | 1 2 3 4 5 6 7 | Ich äußere meine Eindrücke und zeige meine Empfindungen. |

3. Vorbereitung

| Ich mache alles aus dem Stand. | 1 2 3 4 5 6 7 | Ich bereite mich genau vor. |

4. Verlauf

Ich behalte in jedem Fall die Kontrolle über den Verlauf. 1 2 3 4 5 6 7 Ich warte ab, was passiert, und reagiere auf die „Züge" meines Verhandlungspartners.

Ich mache nie ein Zugeständnis. 1 2 3 4 5 6 7 Ich mache oft Zugeständnisse.

Auflösung:

Gesamt 6–18: Das nächste Mal werden Sie nicht so viel Glück haben!

Gesamt 19–30: Gut gemacht – an den niedrigen Punktzahlen können Sie sehen, wo Sie noch an Ihrer Verhandlungstaktik arbeiten müssen.

Gesamt 31–42: Offensichtlich haben Sie das schon mal gemacht – weiter so!

Die Fähigkeiten eines guten Verhandlungsführers zeigen sich auch daran, dass er schon vor der Verhandlung

◆ alle verfügbaren Informationsquellen ausschöpft,
◆ eine Verhandlungsstrategie ausgearbeitet,
◆ seine „Wunschkosten" oder seinen „Wunschpreis", seine unterste bzw. oberste Kostengrenze und sein Eröffnungsangebot festgelegt und
◆ entschieden hat, wie er sich verhalten will, falls das erhoffte Gewinn-Gewinn-Ergebnis zu einem Verlust-Gewinn-Ergebnis wird.

PROJEKTLEITER UND VERHANDLUNGEN

Der Projektleiter muss in jeder Phase eines Projekts Verhandlungen führen und seine diesbezüglichen Fähigkeiten, Erfahrungen und Kenntnisse beeinflussen die Projektdurchführung beträchtlich. In der Konzeptionsphase befassen sich die Verhandlungen damit, Ordnung in das „Chaos" zu bringen, und demnach mit folgenden Themen:

◆ Festlegung der Projektziele,
◆ Entscheidung über die Projektorganisation,
◆ Sicherstellung angemessener Ressourcen.

Wenn das Projekt seinen Lauf nimmt und sich in der Entwicklungsphase befindet, drehen sich die Verhandlungen nicht mehr um die groben anfänglichen Überlegungen, sondern um Details und Besonderheiten der Pläne, Programme und Abläufe. Bei diesen Verhandlungen geht es um

◆ technische Fragen – auf die der Projektleiter vielleicht nur geringen Einfluss (oder von denen er zu wenig Fachwissen) hat, die jedoch das Budget und den Zeitrahmen des Projekts maßgeblich beeinflussen können;
◆ Versprechen und Zusagen für zukünftige Unterstützung – dies ist für die Stabs-Projektorganisation relevant, in der der Projektleiter bezüglich der Teammitglieder von anderen Abteilungen oder auch von den Beziehungen zu Vertragspartnern abhängig ist.

In der Durchführungsphase eines Projekts drehen sich die Verhandlungen des Projektleiters im Allgemeinen um den Ausgleich der Diskrepanz zwischen dem, was geplant war, und dem, was davon umgesetzt wird. Selbst in den besten Projekten werden Pläne nicht eingehalten, Meilensteine nicht erreicht; das Verhandlungsgeschick des Projektleiters muss sich in diesem Fall darauf konzentrieren, das Projekt wieder in Gang zu bringen, und zwar durch

◆ Neudefinition von Zielen und Prioritäten,
◆ Verbindliche Festlegung jedes Mitarbeiters auf diese neuen Ziele,
◆ Sicherstellung der Verfügbarkeit angemessener Ressourcen, damit die neuen Ziele erreicht werden können.

In der Schlussphase eines Projekts hat der Projektleiter über folgende Themen zu verhandeln:

◆ Details der Übergabe an den Auftraggeber,

◆ Überarbeitung der Dinge, die der Auftraggeber noch geändert haben möchte und

◆ Wiedereingliederung der Projektmitarbeiter.

Die Qualität sowohl von Inhalt als auch Ergebnissen der Verhandlungen, die der Projektleiter führt, sind von großer Bedeutung für den Erfolg des Projekts. Die Ergebnisse sind wichtig hinsichtlich der Erfahrung und Ressourcen, die für das Projekt zur Verfügung zu stellen sind. Die Inhalte und die Existenz (oder Abwesenheit) gegenseitigen Vertrauens und gemeinschaftlichen Engagements für das Projekt, die in den Verhandlungen aufgebaut wurden, werden sich auf das gesamte Projekt auswirken und ein Klima schaffen (oder zerstören), das vom gemeinsamen Willen zum Erfolg geprägt ist.

ZUSAMMENFASSUNG

■ Konflikte treten in allen Unternehmen und in allen Projekten auf.

■ Die Auswirkungen von Konflikten können sowohl gut als auch schlecht sein.

■ Konflikte in Projekten drehen sich oft um die gegensätzlichen Interessen und Bedürfnisse
  – des Auftraggebers,
  – des Projekts und
  – des Projektteams.

■ In ihrem Kern drehen sich Konflikte um
  – Einfluss,
  – Befugnisse und
  – Autonomie.

■ Konflikte bedürfen der Lösung und des Managements.

■ Dies kann geschehen durch:
  – Vermeidung oder Entschärfung und
  – Zurückhaltung oder Konfrontation.

■ Die Wahl einer bestimmten Art des Konfliktmanagements hängt ab von
  – den Umständen,
  – dem Kontext und
  – den Präferenzen.

■ Die Akzeptanz und das Management von Konflikten führt zu
  – gesteigertem Vertrauen und Risikobereitschaft und
  – Gewinn-Gewinn-Situationen

■ Das Ignorieren oder die Unterdrückung von Konflikten führt zu
  – wenig Vertrauen und Offenheit,
  – Frustration und
  – Verlust-Gewinn-, Gewinn-Verlust- oder Verlust-Verlust-Situationen.

■ Durch Verhandlungen können Gewinn-Gewinn-Situationen erzielt werden.

■ Verhandlungen sind während des gesamten Lebenszyklus eines Projekts zu führen.

■ Erfolgreiche Verhandlungen erfordern besondere Fertig- und Fähigkeiten.

Projektkontrolle

ÜBERBLICK

**Projekte sind oft stark durch Unbeständigkeit und Unvorherseh-
barkeit geprägt. Aus diesem Grund laufen sie selten so geradlinig
ab wie geplant. Daher ist es von Zeit zu Zeit erforderlich, Maßnahmen zu ergreifen, die das Projekt wieder „auf Kurs" bringen.
Dieses Kapitel beschäftigt sich damit, wie der Fortschritt eines
Projekts überwacht und kontrolliert werden kann und wie diese
Kontrolle zum Erfolg des Projekts beiträgt.**

ZIELE

**Durch die Lektüre dieses Kapitels lernen Sie, wie der Fortschritt von
Projekten**
– gemessen,
– überwacht,
– mit den Zielen und Vorgaben verglichen und
– kontrolliert
werden kann.

REDUZIERUNG DER PLANABWEICHUNGEN

In den ersten Kapiteln konnten Sie nachlesen, wie die anfänglichen Ziele eines Projekts ihren detaillierten Ausdruck im Projektauftrag finden und wie die Projektbeschreibung in den genauen Projektplan – eine Abfolge beabsichtigter Aktivitäten, die dem Wunsch nach der Kontrolle über das weitere Projekt entspricht – mündet. Jedoch laufen die Dinge nicht immer so, wie wir es geplant haben. Materiallieferungen können sich verzögern, Schlüsselaktivitäten durch unvorhergesehene Schwierigkeiten nicht rechtzeitig abgeschlossen werden und Ausrüstung kann genau in dem Moment zu Bruch gehen, wo sie dringend benötigt wird. Wenn sich diese oder ähnliche Katastrophen ereignen, stehen letztlich die Ergebnisse des Projekts auf dem Spiel, und zwar im Hinblick auf den termingerechten Abschluss, auf die gewünschte Ausführung, die geplanten Kosten und die gewünschte Qualität.

Unter diesen – eigentlich ganz normalen – Umständen ist ein schnelles und effizientes System erforderlich, das darüber informiert, wann die Dinge nicht so laufen, wie sie sollten, und das die Korrektur oder zumindest eine Schadensbegrenzung ermöglicht. Die Erfüllung des ersten Punktes wird durch die Installierung eines Überwachungssystems gewährleistet. Dabei handelt es sich um ein Verfahren, Informationen über einzelne oder alle Aspekte des Projekts zu messen, zu sammeln, zu vergleichen und zu analysieren und diese Informationen dann mit den Vorgaben und den geplanten Zielen abzugleichen. Die Ergebnisse liefern dem Projektleiter Antworten auf folgende Fragen:

◆ Werden wir rechtzeitig fertig?
◆ Werden wir das erreichen, was wir uns vorgenommen haben?
◆ Werden wir das Budget überziehen?

Weiterhin erhält er Aufschluss darüber,

◆ worin die Abweichungen zwischen dem derzeitigen und dem geplanten Stand des Projekts bestehen,
◆ bei welchen der vielen Projektaktivitäten und -aufgaben sich diese Abweichungen ergeben haben und
◆ wann diese entstanden sind.

Als Nächstes muss man in der Lage sein, rechtzeitig und wirkungsvoll etwas gegen diese Abweichungen zu tun – also die Lücke zwischen dem Projektplan und der Realität zu schließen. Was man auch immer dafür tut, am Ende müssen die Abweichungen beseitigt oder zumindest reduziert sein. Dieser Prozess wird Projektkontrolle genannt. Er beruht auf den durch die Projektüberwachung gewonnenen Informationen und erlaubt es dem Projektleiter, den Fortschritt des Projekts so zu steuern, dass er das Projekt unter Einhaltung der Pläne für Zeit, Kosten, Ausführung und Qualität zu Ende bringen kann. Dieser doppelte Prozess der Überwachung und der Kontrolle ist der Schlüssel für den Erfolg des Projekts, jedoch müssen alle Maßnahmen und Ergebnisse im Zusammenhang stehen, wenn sie diesem Ziel dienlich sein sollen. Unter diesem Aspekt werden wir nun jedes dieser beiden Elemente näher betrachten, um herauszufinden, wie sie zum Projekterfolg beitragen können.

PROJEKTÜBERWACHUNG

Wie Sie schon an anderer Stelle gesehen haben, umfasst die Überwachung eines Projekts die Beurteilung der Ausführung und die zweckmäßige Aufbereitung der gesammelten Daten.

Hierbei handelt es sich jedoch nicht um eine akademische Übung, vielmehr dient dies alles einzig dem Zweck, mehr darüber herauszufinden, was in dem Projekt geschieht. Wenn diese Überwachung sich nachhaltig auf den Erfolg des Projekts auswirken soll, muss man als Erstes entscheiden, was überwacht werden soll und wie oft dies geschehen soll.

Will man beispielsweise zu viele Aspekte eines Projekts überwachen, dann wird man die Abweichungen vom Projektplan nicht mehr vollständig wahrnehmen und auch nicht mehr angemessen reagieren können. Denn die Menge an Informationen ist zu groß und man braucht zu viel Zeit, um sie zu analysieren.

Überwacht man jedoch zu wenige Aspekte, übersieht man unter Umständen Veränderungen und Bewegungen von Schlüsselaspekten und reagiert erst, wenn es zu spät ist. Somit ist es erforderlich, nach gründlicher Überlegung auszuwählen, was überprüft werden soll. Im Mittelpunkt des Überwachungsprozesses sollten die Aspekte stehen, die Schlüssel für den Erfolg des Projekts sind. Von ihnen erwartet man nämlich Aufschluss über die Kerndimensionen des Projekts, nämlich Ausführung, Kosten, Zeit und Qualität.

Aber welcher Aspekt soll nun bewertet werden und wie oft? Die große Vielfalt von Projekten und Ergebnissen macht es unmöglich, diese Frage detailliert zu beantworten, und in jedem Fall liegt die Entscheidung letzten Endes bei dem Projektleiter. Es gibt jedoch eine Anzahl grundsätzlicher Regeln, die, wenn sie befolgt werden, einen Beitrag zum Erfolg des Projekts leisten. Diese Regeln besagen, dass man sich bei der Überwachung und Bewertung auf die Aspekte des Projekts konzentrieren soll, die leicht gemessen werden können und die aktuell, leicht verständlich, glaubwürdg und relevant sind.

Wendet man diese Regeln beispielsweise auf ein Projekt an, bei dem die Kosten von den Personalkosten bestimmt werden, wird sich herausstellen, dass es einfacher ist, die wöchentlichen Arbeitsstunden zu überwachen, als auf die monatlichen Abrechnungen zu warten. Vergleichbar damit sind Faktoren wie die Länge verlegter Kabel, die Anzahl geschriebener Worte, die verlegte Teppichfläche, in Projekten, wo solche Angaben relevant und glaubwürdig sind. Natürlich ist die Überwachung nicht nur auf diese leicht und schnell zugänglichen Faktoren begrenzt, genauso wenig wie ein Arzt seine Diagnose nur aufgrund des gemessenen Pulsschlags stellen würde. Man muss die überwachten Aspekte wieder mit dem „Kern" eines Projekts in einen Zusammenhang bringen, nämlich mit dem Projektplan und mit dem Projektbudget.

ÜBERWACHUNG DES PROJEKTPLANS

In Kapitel 5 haben Sie gesehen, dass sich ein Projektplan um die Aktivitäten eines Projekts dreht und daher festlegt, wann diese Aktivitäten stattfinden müssen, wer sie verrichten wird und welche Ausrüstung, Werkzeuge etc. dafür nötig sind.

Wie komplex oder detailliert dieser Plan auch sein mag, er ist nur eine Darstellung unserer Absichten und Wünsche, oder anders ausgedrückt, dessen, was in unserem Projekt geschehen soll. Wenn das Projekt seinen Lauf nimmt, wird man unausweichlich herausfinden, dass die Dinge sich anders entwickeln als vorgesehen, was zu einer Veränderung des ursprünglichen Plans führen kann. Diese Wechselwirkung zwischen dem tatsächlichen Stand der Dinge und den Vorgaben des Plans muss überwacht werden, soll das Projekt erfolgreich sein. Um dies zu gewährleisten, muss man akzeptieren, dass Projektpläne mehr sind als nur Modelle für eine unrealistische Zukunft oder überzeugende Wanddekorationen – Projektpläne sind sinnvolle, anwendbare, leicht verständliche und veränderungsfähige Werkzeuge. Für viele unerfahrene Projektleiter ist dies ein schwieriger Schritt – ein Plan ist schließlich ein Plan und wenn Sie ihn nicht befolgen wollen, warum stellen Sie ihn dann überhaupt auf? Wenn ein Plan jedoch zum Erfolg eines Projekts beitragen soll, muss er als Instrument des Managements, als Mittel zur Gestaltung der Ergebnisse dienen und darüber hinaus so angelegt sein, dass er geändert werden kann – denn Projekte drehen sich schließlich um Veränderungen.

Erkennen und Ausführen von Veränderungen ist die Projektkontrolle – ein Prozess, dem immer der Prozess der Überwachung vorausgehen muss. Setzt man die Projektpläne zur Überwachung des Projektfortschritts ein, so geschieht das anhand von Soll-Ist-Vergleichen. In Kapitel 5 haben Sie gesehen, dass dies grafisch in Balkendiagrammen und zahlenmäßig in Netzplänen erfolgen kann.

MEILENSTEINE ODER GRABSTEINE?

Der Fortschritt eines Projekts kann auch anhand von so genannten Meilensteinen eines Projekts beurteilt werden. Meilensteine sind Ereignisse, die den Fortschritt eines Projekts innerhalb der verschiedenen Phasen markieren, und daher müssen sie eindeutig identifizierbar und wichtig sein und auf dem kritischen Pfad liegen. Sie kennzeichnen das Ende einer Abfolge von Handlungen – wenn beispielsweise beim Bau eines Hauses das Fundament fertig gestellt ist, oder den Beginn einer Abfolge von Handlungen – wenn beispielsweise ein Verleger das Manuskript eines Autors annimmt, sodass die Produktion des Buches anlaufen kann.

Diese Meilensteine können

◆ grafisch dargestellt werden – wie in den ausgefüllten oder unausgefüllten Feldern eines typischen Balkendiagramms;
◆ in einem Meilensteinplan dargestellt werden:

Meilenstein Nr.	geplanter Termin	tatsächlicher Termin
1	25.10.2000	24.10.2000

Meilensteine sind ein Instrument zur Überwachung des Projektfortschritts und ermöglichen einen schnellen und leichten Überblick über den Status.

ÜBERSCHREITEN DER GRENZWERTE

Eine andere Methode zur Beurteilung des Projektstatus beruht auf der so genannten Abweichungsanalyse.

Diese Technik besteht darin

◆ einen Aspekt des Projekts zu messen,
◆ die Abweichung zum „Soll-Zustand" bzw. Grenzwerten zu ermitteln und
◆ nur dann zu verhandeln, wenn dieser Grenzwert überschritten wurde.

Die Abweichungsanalyse kann auf jeden Aspekt des Projekts angewandt werden und ermöglicht Entscheidungen über seinen Fortgang. Beispielsweise lassen sich die Projektkosten, der Stand des Projekts und die Erreichung von Meilensteinen überwachen. Die Analyse kann leicht in bestehende Informationssysteme integriert und von jedem Mitglied des Projektteams manuell oder computergestützt durchgeführt werden.

Die Abweichungsanalyse gestattet es dem Projektleiter seine Zeit effektiver zu nutzen, da er nur noch einbezogen wird, wenn die Grenzwerte drohen überschritten zu werden. Der Handlungsbedarf kann je nach Grad der Grenzwertüberschreitung festgelegt werden. Bei der Überwachung wöchentlicher Projektkosten könnte das beispielsweise so aussehen:

Grenzwerte	Aktivität
Budget um 5% überzogen	Ermittlung der Ursachen
Budget um 10% überzogen	Veranlassung einer Überprüfung der ursprünglichen Kosten
Budget um 20% überzogen	Kostenreduzierung durch: – Abbruch von nicht kritischen Aktivitäten – Reduzierung der Intensität anderer Aktivitäten

Im Vorfeld festgelegte Grenzwerte können ebenfalls eine gesteigerte (oder reduzierte) Häufigkeit der Berichterstattung oder eine reduzierte (oder gesteigerte) Arbeitsintensität auslösen. Auch Entscheidungen über den Fortgang des Projekts können Aktivitäten auslösen. Bei der Erreichung eines Meilensteins können beispielsweise

◆ Aktivitäten begonnen werden, die zum nächsten Meilenstein führen,

◆ Planungsbesprechungen oder Meetings zur Besprechung des Projektfortschritts einberufen werden und

◆ ein formaler Bericht über den Projektfortschritt verteilt werden.

KOSTENKONTROLLE

In Kapitel 8 haben Sie gesehen, wie wichtig das Budget im Rahmen des Projektmanagements ist. Es weist aus, wie viel Geld benötigt wird und wann es benötigt wird.

Eine weitere Aufgabe des Budgets besteht darin, die Projektausgaben zu kontrollieren und darüber zu informieren, wie und wann der Cashflow angepasst oder verändert werden muss. Dies kann anhand einer S-Kurve geschehen.

| Abb. 43 | **Die S-Kurve** |

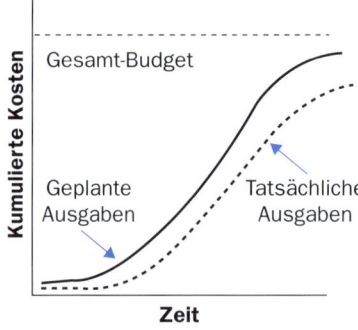

Die Kurve zeigt die geplanten Ausgaben eines Projekts. Sie kann mit der Kurve der tatsächlichen Ausgaben verglichen werden. Diese können über oder unter den geplanten Ausgaben liegen, weil die fertig gestellten Arbeiten mehr (oder weniger) kosten als geplant oder weil weniger Arbeiten als geplant, jedoch zu höheren Kosten fertig gestellt wurden.

Die Unterschiede zwischen diesen beiden Varianten sind erheblich – auf der einen Seite liegen die künftigen Kosten wahrscheinlich unter dem Budget, auf der anderen Seite werden die künftigen Kosten wohl über dem Budget liegen. Doch wie kann man nun vorhersagen, welcher Fall eintreten wird? Des Rätsels Lösung liegt in der Kostenanalyse. Sie besteht aus folgenden Schritten:

◆ Ermitteln der schon verrichteten Arbeitseinheiten,
◆ Multiplizierung dieses Werts mit den im Budget veranschlagten Kosten pro Einheit; das Ergebnis entspricht den budgetierten Kosten der verrichteten Arbeitseinheiten (Ist-Menge x Plan-Preis),
◆ Vergleich dieses Ergebnisses mit den tatsächlichen Arbeitskosten (Ist-Menge x Ist-Preis) und den budgetierten Kosten der geplanten Arbeit (Plan-Menge x Plan-Preis).

Die Unterschiede zwischen diesen Zahlen sind wie folgt zu interpretieren:

◆ Die Differenz zwischen dem budgetierten Wert und den tatsächlichen Kosten der verrichteten Arbeit: Dieser Wert bezeichnet die Kostenabweichung (KA) und errechnet sich aus der Differenz von Ist-Menge x Plan-Preis und Ist-Menge x Ist-Preis;
◆ Die Differenz zwischen dem budgetierten Wert der verrichteten Arbeit und dem budgetierten Wert der ursprünglich geplanten Arbeit: Dieser Wert bezeichnet die Beschäftigungsabweichung (BA) und errechnet sich aus der Differenz zwischen Ist-Menge x Plan-Preis und Plan-Menge x Plan-Preis.

Diese Abweichungen besagen beispielsweise, ob die in der S-Kurve dargestellten Kosten-Differenzen darauf zurückzuführen sind, dass

◆ die tatsächlichen Kosten höher sind als die budgetierten – was sich in einem negativen KA-Wert äußern würde, d. h. Ist-Menge x Plan-Preis < Ist-Menge x Ist-Preis;
◆ man weniger erreicht hat als geplant – was sich in einem negativen BA-Wert äußern würde, d. h. Ist-Menge x Plan-Preis < Plan-Menge x Plan-Preis.

Anhand dieser Informationen kann der Projektleiter entscheiden, welche Maßnahmen nötig sind, um die Kosten des Projekts wieder unter Kontrolle zu bekommen.

PROJEKTFORTSCHRITTSBERICHT

Der Verlauf eines Projekts sollte in einem Projektfortschrittsbericht dokumentiert und mit dem Projektplan verglichen werden. Fortschrittsberichte können regelmäßig – zum Beispiel einmal im Monat oder bei markanten Projektabschnitten – erstellt werden, wenn sich beispielsweise Probleme ergeben oder Meilensteine erreicht wurden.

Im Rahmen eines mittleren bis größeren Projektes werden in der Regel folgende Berichte erstellt:

◆ Tätigkeitsberichte der Spezialisten – wie Programmierer, Bauingenieure, Ausbilder oder Informatiker,

◆ Projektfortschrittsberichte des Projektleiters – er berichtet dem Auftraggeber über den Projektverlauf und die Erreichung der Meilensteine.

Im Allgemeinen ist Kürze nicht nur erwünscht, sondern auch notwendig, damit der Projektfortschrittsbericht auch von einem sehr beschäftigten Leser gelesen und verstanden werden kann. Daher ist es sinnvoll, dem Bericht eine Zusammenfassung von Schlussfolgerungen und Empfehlungen voranzustellen und im Anhang ergänzendes Datenmaterial aufzuführen. Der Projektfortschrittsbericht sollte folgendermaßen aufgebaut sein:

1. Titel
2. Zusammenfassung
3. Hintergründe und Einführung
4. Ergebnisse
5. Empfehlungen

Der Bericht über den normalen Projektverlauf enthält Balkendiagramme und/oder P-Netzpläne.

DAS PROJEKT-MEETING

Meetings sind wichtig. Viele von Ihnen werden jedoch sicher schon die Erfahrung gemacht haben, dass diese Meetings eine zeitvergeudende Angelegenheit sind, die organisiert und durchgeführt werden, um

◆ den Status derer zu bestätigen, die daran teilnehmen;
◆ Druck auf andere auszuüben, damit sie den Normen der Gruppe entsprechen;
◆ die herrschende Gruppenmeinung zu untermauern;
◆ und gelegentlich um zu kommunizieren.

Die Meetings im Rahmen erfolgreicher Projekte sind jedoch nicht die zeitraubenden und Status verstärkenden Ereignisse, an die sich viele Manager gewöhnt haben. Sie sind vielmehr gut vorbereitete Treffen, die der sachgemäßen Führung des Projekts dienen und als solche auf die Erreichung von Ergebnissen ausgerichtet sind.

Diese Meetings stellen ein Kernelelement in der Überwachung und Kontrolle des Projektverlaufs dar mit dem Ziel, sachliche Informationen sowie Meinungen und Empfindungen auszutauschen und die Entscheidungsfindung des Projektleiters zu unterstützen.

Wie Sie schon in Kapitel 6 gelesen haben, sollten Projekt-Meetings folgende Anforderungen erfüllen:

◆ Geleitet durch den Projektleiter.
◆ Es muss eine Tagesordnung geben sowie ein Protokoll geführt werden.
◆ Es sollen nicht mehr als 10 Personen teilnehmen.
◆ Die Teilnehmer sollten
  – über einschlägige Fähigkeiten und Kenntnisse verfügen und
  – entsprechend vorbereitet sein.
◆ Eine Dauer von 1,5 Stunden sollte nicht überschritten werden.

In allen Meetings, und ganz besonders in Projekt-Meetings, nimmt der Vorsitzende wesentlichen Einfluss auf das Ergebnis der Veranstaltung – im guten wie im schlechten Sinne. Ein geschickter Vorsitzender achtet mehr auf den geregelten Ablauf, als dass er seine eigene Meinung vertritt. Projektleitern fällt dies ohnehin schwer, denn sie sind schließlich für das Projekt verantwortlich. Und so ist es letzten Endes zweckmäßiger, Sachfragen durch andere Teammitglieder vortragen zu lassen. Folgende Unterlagen werden für ein Meeting benötigt:

◆ eine Tagesordnung – sie sollte rechtzeitig vor dem Meeting vorbereitet werden und die Teilnehmer darüber informieren,
  – wann und wo das Meeting stattfindet,
  – welche Punkte diskutiert werden und
  – in welcher Reihenfolge sie diskutiert werden;

187

◆ ein Projektfortschrittsbericht – dieser sollte rechtzeitig vor dem Meeting verteilt werden und Details aller wesentlichen Aspekte des Projekts enthalten;

◆ Protokolle – diese werden nach dem Meeting verteilt und halten fest,
  – was beschlossen wurde,
  – wer für die Durchführung verantwortlich ist und
  – wann die Durchführung abgeschlossen sein soll.

Projektmeetings dürfen keine langwierige Angelegenheit sein, aus denen die Teilnehmer müde und gelangweilt herauskommen. Vielmehr sollen die Teilnehmer jetzt mit mehr und besseren Informationen über das Projekt ausgerüstet sein, sodass sie ihren Verantwortungsbereich genau überblicken und entsprechende Entscheidungen treffen können.

Ein Projektmeeting ist nur so gut wie seine Teilnehmer; wenn sie zum Erfolg des Projekts beitragen wollen, müssen sie klar und deutlich sprechen und anderen zuhören können; sie müssen Urteilskraft und Entscheidungsfreude besitzen und bereit sein, mit anderen zu verhandeln.

Solche Teilnehmer und ein kluger Vorsitzender vorausgesetzt sind Projekt-Meetings ein erfolgreiches Instrument für die Überwachung und Kontrolle eines Projekts.

PROJEKTKONTROLLE

An anderer Stelle in diesem Kapitel wurde deutlich, dass man, abgesehen von der Überwachung des Projektfortschritts, rechtzeitig eingreifen muss, wenn Aktivitäten oder Kosten von der ursprünglichen Planung abweichen. Mit dieser Projektkontrolle sollen Planabweichungen reduziert werden. Eine Methode geht auf die so genannte Regelkreis-Theorie zurück. Diese besagt, dass die Kontrolle von Systemen anhand folgender Punkte erfolgt:

◆ Messung des Output;

◆ Soll-Ist-Vergleich;

◆ Gibt es eine Abweichung, wird der Input angeglichen, und zwar in Relation zur Größe der Abweichung.

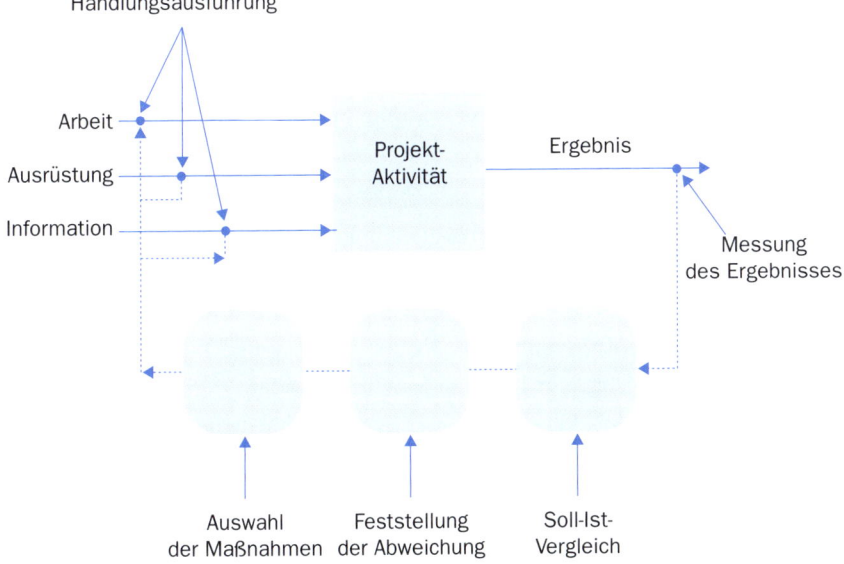

Abb. 44 **Regelkreis**

Handlungsausführung

Arbeit

Ausrüstung

Information

Projekt-
Aktivität

Ergebnis

Messung
des Ergebnisses

Auswahl
der Maßnahmen

Feststellung
der Abweichung

Soll-Ist-
Vergleich

Wendet man diesen Prozess beispielsweise auf das Decken eines Daches an, beginnt man damit, die Fläche auszumessen, die pro Tag neu gedeckt wurde. Das Ergebnis wird dann mit der Quadratmeterzahl verglichen, die ursprünglich geplant worden war. Ist diese Differenz negativ, d. h. die geplante Quadratmeterzahl ist höher als die tatsächlich erreichte, muss man entscheiden, ob man den Input an Arbeit oder Ausrüstung erhöht, indem man mehr Personal oder leistungsfähigere Ausrüstung einsetzt. Ist jedoch die erreichte Quadratmeterzahl höher als die geplante, muss man entscheiden, ob das Personal reduziert, Ausrüstung mit einer geringeren Leistungsfähigkeit eingesetzt oder die Aufgabe früher als geplant beendet werden soll.

Die Abweichung zwischen beiden beschriebenen Werten kann groß oder klein sein. Ist sie klein, kann man sich dafür entscheiden, nichts zu unternehmen, jedoch die Häufigkeit der Messungen zu steigern, sodass man zweimal am Tag Zahlen darüber erhält. Ist die Differenz jedoch groß, muss gehandelt werden; dann muss man – wenn die erreichte Quadratmeterzahl niedriger ist als die geplante – entweder das Personal verstärken oder ein Förderband einsetzen, damit die Ziegel schneller auf das Dach gelangen.

189

Wenn die erreichte Quadratmeterzahl beträchtlich höher ist als die geplante, hat man beispielsweise die Wahl, das Personal zu reduzieren oder die Arbeit auf dem Dach für einige Tage auszusetzen, um andere Aufgaben zu erledigen, oder herauszufinden, warum eine so hohe Quadratmeterzahl erreicht wurde; diese Erkenntnis lässt sich in andere Aufgaben einbringen.

Alle genannten Punkte stellen Wahlmöglichkeiten dar, wie die tatsächlich erfolgte Leistung durch Reduzierung oder Steigerung an das ursprünglich geplante Niveau angepasst werden kann. Jedoch verfügt man nicht immer über die erforderlichen Informationen, wie es auch in Kapitel 6 und 10 dargelegt wurde. Trotz bester Absichten kann das Feedback über die Ausführung der jeweiligen Aufgabe aus zu wenigen, ungenauen oder veralteten Informationen bestehen.

Unter diesen Umständen muss der Projektleiter einige der Techniken zum Sammeln und Analysieren von Informationen anwenden, die wir in Kapitel 10 behandelt haben. Beispielsweise könnte er Kennzahlen berechnen, wie in dem oben beschriebenen Beispiel ersichtlich, oder Stichproben zu unterschiedlichen Zeiten nehmen, um mehr Informationen über die Anzahl der gedeckten Quadratmeter zu bekommen. Wie der Projektleiter diese Kontrolle ausübt, ist – wie Sie in Kapitel 6 gesehen haben – abhängig von der Art des Projekts und unterliegt bestimmten Zwängen wie Zeit, Geld etc. Außerdem wird er früher gemachte Erfahrungen einbringen und seine Beziehungen zum Team berücksichtigen. Auf jeden Fall sollte die Projektkontrolle auf Informationen und nicht auf Meinungen beruhen, die Bedürfnisse der Mitarbeiter berücksichtigen und auf die Verbesserung der Projekte ausgerichtet sein.

Überprüfen Sie mit dem folgenden Fragebogen, wie gut Sie überwachen und kontrollieren.

WIE GUT IST IHRE PROJEKTÜBERWACHUNG UND -KONTROLLE?

Kreisen Sie die Zahl ein, die Ihrer Art, Projekte zu leiten, am ehesten entspricht, und zählen Sie dann die Werte zusammen.

1. Projektüberwachung

Ich lasse den Dingen ihren Lauf.	1 2 3 4 5 6 7	Ich habe ein Auge darauf, was sich ereignet.
Ich messe alles.	1 2 3 4 5 6 7	Ich überwache die Schlüsselfaktoren des Projekts.
Ich überwache die komplexen und schwierigen Aspekte des Projekts.	1 2 3 4 5 6 7	Ich überwache leicht verständliche, aktuelle und relevante Aspekte.

2. Projektkontrolle

Die Dinge regeln sich meist von selbst.	1 2 3 4 5 6 7	Ich muss überwachen, was geschieht, und angemessen darauf reagieren.
Ich reagiere immer auf dieselbe Art und Weise.	1 2 3 4 5 6 7	Meine Reaktionen richten sich nach dem, was gerade geschieht.

Auflösung

Gesamt 5–15 Punkte: Sie scheinen Probleme zu haben.
Gesamt 15–25 Punkte: Gut gemacht – an den niedrigen Werten können Sie erkennen, wo Sie sich noch verbessern müssen.
Gesamt 25–35 Punkte: Entweder haben Sie das schon einmal gemacht oder Sie sind nicht ehrlich.

ZUSAMMENFASSUNG

■ Eine konsequente Projektüberwachung und -kontrolle ist für den Projekterfolg unverzichtbar.

■ Die Projektüberwachung beinhaltet
  – Messen,
  – Sammeln,
  – Aufzeichnen,
  – Vergleichen und
  – Analysieren von Informationen.

■ Die Projektüberwachung basiert auf
  – dem Projektplan und
  – dem Projektbudget.

■ Die Projektüberwachung setzt folgende Faktoren ein:
  – Meilensteine,
  – Abweichungsanalyse,
  – S-Kurven,
  – Kostenanalyse,
  – Projektfortschrittsberichte und
  – Projekt-Meetings.

■ Die Projektkontrolle zielt darauf ab, Planabweichungen zu reduzieren.

■ Die Projektkontrolle eines erfolgreichen Projekts wird gewährleistet durch:
  – Messen der Ergebnisse,
  – Soll-Ist-Vergleiche,
  – Anpassung der Inputs eines Projekts in Relation zur Größe der Abweichung.

Projektabschluss

ÜBERBLICK

Alle Projekte werden früher oder später abgeschlossen, und die Art und Weise, wie die letzten Schritte vollzogen werden, ist genauso wichtig für den Erfolg wie die Planung, Durchführung und Leitung des Projekts. Dieses Kapitel beschäftigt sich mit dem Projektabschluss und untersucht, wie er zum Erfolg des Projekts beitragen kann.

ZIELE

Am Ende dieses Kapitels haben Sie ein besseres Verständnis für:
– die Probleme, die sich beim Abschluss eines Projekts ergeben,
– das Wie dieses Abschlusses,
– wie die Durchführung des Projekts und die Projektergebnisse objektiv beurteilt werden können,
– wie die gewonnenen Erfahrungen, Problemlösungen und entwickelten Techniken festgehalten und für andere Projekte fruchtbar gemacht werden können.

ENDE GUT, ALLES GUT?

Alle Projekte erreichen einen Punkt, an dem sie abgeschlossen werden. Doch bis dahin hat man verschiedene Phasen durchlaufen: die Aufregung und den raschen Fortschritt in den ersten Phasen des Projekt-Lebenszyklus, die Leistungen der Durchführungsphase und die Befriedigung darüber, dass die angestrebten Ergebnisse Wirklichkeit werden. Originelle und neue Pläne werden von der Wirklichkeit eingeholt und die Frische und Begeisterung eines neuen Projektteams stumpfen durch Gewöhnung etwas ab.

Erreicht man die Endphase, wird sich die Arbeit überwiegend um Details drehen und die Mitglieder des Projektteams freuen sich auf die Herausforderungen einer neuen Aufgabe oder auf die Rückkehr in ihre ursprünglichen Positionen. Oft bringt der Abschluss eines Projekts mehr Schwierigkeiten mit sich als der Beginn; da ist noch alles neu und die Herausforderungen und Hoffnungen liegen noch vor einem. Am Ende hingegen ist alles erreicht, was möglich war – im Guten oder im Schlechten –, und nichts kann mehr verändert werden. Trotz allem trägt die Endphase eines Projekts nicht unwesentlich zum schlussendlichen Erfolg eines Projekts bei und fordert nochmals alle die Fähigkeiten und Kenntnisse eines kompetenten Projektleiters.

In diesem Kapitel geht es deshalb darum, welche Probleme sich in der letzten Phase ergeben und wie sie gelöst werden können.

PROBLEME AM ENDE EINES PROJEKTS

Auch wenn viele der Probleme, die sich am Ende eines Projekts ergeben, nur Detailfragen betreffen, drehen sie sich doch auch um die Schlussphase des Veränderungsprozesses, der ja Grund und Ursache eines Projekts ist.

In Kapitel 9 haben wir diesen Veränderungsprozess behandelt; dort haben Sie gelesen, dass das Management der Veränderung ausgewogen den Einsatz von Informationen, Kommunikation, Menschen und Macht betrifft. Ungeachtet der großen Unterschiede in Tempo und Inhalt, die zwischen dem Ende und den früheren Phasen eines Projekts bestehen, bleibt es die Hauptaufgabe des Projektleiters, diese Aspekte zu koordinieren und zu lenken. Dabei muss er sich darüber im Klaren sein, dass

◆ die Mitglieder des Projektteams
  – sich um ihre Zukunft Gedanken machen,
  – das Interesse an den noch verbleibenden Aufgaben verlieren,
  – weniger motiviert sind und
  – sich für das Team nicht mehr so engagieren wie zu Beginn des Projekts;
◆ der Auftraggeber
  – am Projekt nicht mehr so stark interessiert ist,
  – Meetings nicht mehr besucht oder nicht mehr verfügbar sein wird, wenn er gebraucht wird und
  – auf operativer Ebene verstärkt an den Details der Ergebnisse interessiert ist;
◆ das Projekt jetzt folgende Punkte erfordert
  – Abschließen der noch ausstehenden Ergebnisse,
  – Erfüllung von Verträgen und Arbeitsanweisungen,
  – Übergabe oder Verkauf der verwendeten Ausrüstungsgegenstände,
  – Übernahme der gewonnenen Daten und
  – Gewährung von Garantien.

Gleichzeitig muss er sich bewusst sein, dass seine Akzeptanz durch den Auftraggeber abnimmt und das Team kleiner wird.

Dennoch glauben viele Projektleiter – und einige Handbücher bestätigen sie darin –, dass diese Phase wenig Aufmerksamkeit und Sorgfalt beansprucht und durch Routinetätigkeiten gekennzeichnet ist. Allerdings dürfen die oben genannten Probleme nicht unterschätzt werden. Werfen wir einen Blick darauf, wie, wann und warum dieser Abschlussprozess gemanagt werden soll; dazu betrachten wir nochmals die einzelnen Schlüsselfaktoren, nämlich Menschen, Kommunikation, Information und Macht.

■ Wiedereingliederung der Projektmitarbeiter

Menschen sind der Dreh- und Angelpunkt eines jeden Projekts – von ihnen hängt der Projekterfolg ab. Dies gilt auch für die Endphase eines Projekts. In der Abschlussphase gehen die Interessen der Beteiligten jedoch über die Grenzen des Projekts hinaus und konzentrieren sich auf längerfristige Aspekte. Die Mitarbeiter befassen sich verstärkt damit,

◆ dass sich das Projektteam langsam, aber sicher auflöst,
◆ in welchem Projekt sie als Nächstes mitarbeiten werden,

◆ wann sie dieses Projektteam verlassen werden und

◆ ob sie an ihre alten Arbeitsplätze zurückkehren können.

Die Mitarbeiter des Auftraggebers bzw. der Auftraggeber selbst werden sich mit folgenden Fragen beschäftigen:

◆ Wann können wir mit den Ergebnissen des Projekts rechnen?

◆ Werden sie unseren Erwartungen entsprechen?

◆ Wie wird das nächste Projekt aussehen?

◆ Wird es gelingen, das Projekt erfolgreich abzuschließen?

In dieser Phase kann es sogar zu einem Mitarbeiterwechsel kommen, wenn beispielsweise Fachleute in neuen Projekten eingesetzt werden. Diese Veränderungen können auch die Funktion des Projektleiters betreffen, der vielleicht „neue Weidegründe" sucht und die „Aufräumarbeiten" einem weniger erfahrenen Mitglied des Teams überlässt.

All dies bedeutet, dass sich die Zusammensetzung, die Atmosphäre und die Aufgaben des Projektteams verändern, und Veränderungen – das haben wir in Kapitel 9 gesehen – werden normalerweise von den Betroffenen abgelehnt. Um dem entgegenzuwirken, muss der Projektleiter sicherstellen, dass sowohl das Projektteam als auch der Auftraggeber

◆ darin bestärkt werden, sich weiterhin für das Projekt zu engagieren,

◆ darin bestärkt werden, Definition und Durchführung der verbleibenden Projektaufgaben selbst in die Hand zu nehmen und

◆ genügend Informationen und Mittel erhalten, damit diese Aufgaben fertig gestellt werden können.

Als ein Beispiel für diese Maßnahme kann die Schaffung und Förderung eines Teams gelten, das sich aus dem Auftraggeber und dem Projektteam zusammensetzt. Seine Aufgabe besteht darin, Schwierigkeiten aufzuzeigen und es ist verantwortlich für die Überprüfung der Projektergebnisse sowie für die – einvernehmliche – Aufstellung einer gemeinsamen Liste über Mängel und ausstehende Arbeiten. Ein anderes Beispiel könnte ein gemeinsamer Plan für die Übergabe der Projektergebnisse sein. Dies bedarf einer sorgfältigen Planung, die die Bedürfnisse beider Parteien berücksichtigt.

Die Wiedereingliederung der Mitglieder des Projektteams in den Arbeitsablauf des Unternehmens konfrontiert den Projektleiter oft mit besonderen Schwierigkeiten. Einerseits muss dem Projekt bis zuletzt ein erfahrenes Team erhalten bleiben, andererseits erbringen die Mitglieder nur dann gute Leistungen, wenn sie eine gewisse Sicherheit in Bezug auf ihre künftige Arbeitssituation haben. Hier muss der Projektmanager darauf bedacht sein, dass er sowohl den Bedürfnissen des Projekts als auch denen der Mitarbeiter gerecht wird. Abgänge und Umbesetzungen geben den verbleibenden Projektmitgliedern das Gefühl, dass ihre individuellen Belange nicht berücksichtigt werden und mindern ihr Engagement. Außerdem erwecken derartige Maßnahmen den Eindruck von Planlosigkeit und Eigenmächtigkeit. Der Aufwand des Projektleiters, die Auflösung des Teams zu planen – wobei er im Übrigen die Betroffenen einbeziehen sollte – zahlt sich durch Engagement und Leistungsbereitschaft sowohl der verbleibenden wie auch der ausscheidenden Mitarbeiter aus. Damit selbst angesichts kleiner werdender Teams dieser Einsatz erhalten bleibt, ist effiziente Kommunikation wichtig.

*K*OMMUNIKATION

Sie haben schon erfahren, dass eine wirksame, auf Gegenseitigkeit beruhende Kommunikation ein unerlässlicher Bestandteil eines erfolgreichen Projekts ist; die Endphase eines Projekts bildet dabei keine Ausnahme. Man kann sogar sagen, dass der besondere Druck und die Schwierigkeiten dieser Phase die Notwendigkeit einer wirkungsvollen Kommunikation verstärken.

Wenn dem nicht entsprochen wird, können Missverständnisse und Probleme auftauchen, die das Ende des Projekts zu einer konfusen und langwierigen Angelegenheit machen. Die Kommunikation muss besonders dann intensiviert werden, wenn der Auftraggeber

◆ ein spezielles Training für seine Mitarbeiter plant,
◆ überprüft, ob Abläufe und Systeme übernommen oder verändert werden sollten,
◆ eine gezielte Öffentlichkeitsarbeit plant,

und auch dann, wenn der Projektleiter
◆ die Wiedereingliederung der Mitglieder des Projektteams plant,
◆ einen planmäßigen Abschluss des Projekts gewährleisten will und
◆ Informationen zusammenträgt um sicherzustellen, dass die gewonnenen Erfahrungen auch dokumentiert werden.

Sie haben gesehen, dass ein erfolgreicher Projektleiter durch Delegation und Bereitstellung entsprechender Mittel das Engagement seiner Mitarbeiter fördert. Gute Kommunikation sorgt für den Austausch relevanter Informationen zwischen Projektleiter, Auftraggeber und Projektteam.

Der Projektleiter gibt Informationen und Zielvorstellungen weiter und erhält Fortschrittsberichte vom Projekt-/Auftraggeberteam, das zur Lokalisierung von Schwierigkeiten in der Projektabschlussphase gebildet wurde. Kommunikation ist immer ein gegenseitiger Prozess und der Projektleiter und die Entscheider im Unternehmen des Auftraggebers müssen eine Ebene finden, auf der die Informationen ungehindert ausgetauscht werden können, damit das Projekt ordentlich abgeschlossen werden kann.

Die Instrumente für diese Kommunikation bestehen schon. Es sind Projektmeetings und -fortschrittsberichte – wie wir in Kapitel 12 gesehen haben – als regelmäßige und übliche Überwachungs- und Kontrollinstrumente. Während der Abschlussphase eines Projekts kann es notwendig werden,

◆ diese Meetings öfter abzuhalten,
◆ den Teilnehmerkreis auszudehnen, und zwar auf
  – alle Mitglieder des nun kleineren Projektteams,
  – Mitarbeiter aus dem Unternehmen des Auftraggebers, das mit der Problemerfassung betraut ist etc.;
◆ in den Meetings detailliert über Dinge zu diskutieren, die vorher vielleicht nicht in diesem Rahmen besprochen worden wären.

Auch sollte der Projektleiter mit seinem Team über die Neuverteilung von Aufgaben sprechen. Ganz gleich, wie er stattfindet: Der Kommunikationsprozess beeinflusst den Abschluss eines Projekts maßgeblich.

■ Informationsbedarf

Erreicht man die Endphase eines Projekts, dann sind die finanziellen Mittel fast vollständig erschöpft, die angestrebten Ergebnisse sind fast erreicht und die zugeteilten Ressourcen sind fast verbraucht.

Welche Informationen werden also benötigt und warum? Die Antwort auf diese Frage ergibt sich daraus, dass

◆ festgestellt werden muss, welche Arbeiten noch zu erledigen sind,
◆ der derzeitige Stand der Ergebnisse dokumentiert werden muss,

◆ das Projekt als Ganzes dokumentiert werden muss und
◆ überprüft werden muss, ob die angestrebten Ziele auch erreicht wurden.

Mit diesen Maßnahmen wird das Projekt abgeschlossen und es wird sichergestellt, dass der Auftraggeber die Ergebnisse des Projekts effizient handhaben und
einsetzen kann. Und schließlich wird ein Rechenschaftsbericht erstellt und eine
abschließende Bewertung des Projekts vorgenommen.

ZIEL ERREICHT?

Zur Vollendung eines Projekts gehört die Feststellung, was getan wurde und was
noch erledigt werden muss. Dabei wird auf den Projektauftrag und eventuelle
Änderungen des Projektauftrags zurückgegriffen. Er enthält – wie Sie in Kapitel 4 gesehen haben – präzise Angaben über die Projektziele sowie über Art und
Gründe aller Änderungen des ursprünglichen Projektauftrags und die verantwort-
lichen Personen.

Anhand dieser Informationen soll nun überprüft werden, was tatsächlich
erreicht wurde. Auf diese Weise erfährt man, was noch erledigt werden muss und
was über das „Soll" hinaus erledigt wurde. Der erste Punkt ist zunächst einmal der
wichtigere. Der Projektleiter muss in Übereinstimmung mit dem Auftraggeber
und den anderen Vertragspartnern einen Plan zur Fertigstellung der noch ausstehenden Arbeiten aufstellen und Prioritäten festlegen. Danach richtet sich die
Konzentration des Projektleiters auf einen ordnungsgemäßen Abschluss des
Projekts. Bei großen Projekten kann dieser Prozess fast schon als eigenständiges
Projekt betrachtet werden und aus diesem Grund – wie Sie später noch sehen
werden – von einem anderen Manager geleitet werden, der speziell für den
Abschluss zuständig ist. Zweifellos kann dieser Prozess – gleich wer ihn führt –
mithilfe von Abschluss-Checklisten – effizienter gestaltet werden. Diese erleich-
tern die Arbeit enorm; im Folgenden finden Sie eine solche Checkliste.

CHECKLISTE: PROJEKTABSCHLUSS

Aktivität	Datum der Fertigstellung	Wird ausgeführt von

1. Projektauftrag
   a. Beschreibung der Änderungen
      des Projektauftrags
   b. Falls notwendig, Überarbeitung
      des Projektauftrags

2. Projektplan
   a. Dokumentierung aktueller Fertigstellungstermine
   b. Einberufung eines abschließenden
      Meetings

3. Finanzen
   Erstellung einer abschließenden
   Projektabrechnung

4. Arbeitsverträge
   a. Abschluss aller Arbeitsverträge
   b. Aufbereitung einer Dokumentation
      über die Vertragspartner

5. Mitarbeiter
   a. Aktualisierung der Personalakten
   b. Abschluss der Wiedereingliederung
   c. Einberufung zu einem abschließenden
      Meeting des Projektteams

6. Auftraggeber
   Übergabe des Projekts

7. Allgemein
   Vorlage des Projektberichts

Rechenschaftsberichte

In Kapitel 12 haben Sie gesehen, dass ein Rechenschaftsbericht in jeder Phase des Projekt-Lebenszyklus erstellt werden kann. Mit diesen Berichten soll Folgendes festgestellt werden:

◆ der gegenwärtige Status des Projekts:
◆ wie hoch die Gefahr des Misserfolgs ist,
◆ eventuelle Notwendigkeit einer Änderung der Leitung oder Planung des Projekts.

Erstellt man den Rechenschaftsbericht jedoch nach Abschluss des Projekts, sind alle Arbeiten vollendet und die Ergebnisse des Projekts stehen kurz vor der Übergabe an den Auftraggeber. Zu diesem Zeitpunkt soll der Rechenschaftsbericht den Auftraggeber darüber informieren, ob die Ergebnisse des Projekts erreicht wurden oder nicht, was noch erledigt werden muss und ob eine Überziehung des Budgets gerechtfertigt war. Der Projektleiter erfährt, ob das Budget eingehalten wurde, ob die angewendeten Projektmanagement-Techniken geeignet waren und was mit den Vermögensgegenständen wie Materialien und Ausrüstung geschehen soll, die speziell für das Projekt angeschafft wurden.

Ob diese Ziele mit einem einzigen gewöhnlichen Rechenschaftsbericht erreicht werden können, hängt von der Art der Beziehung zwischen dem Projektleiter bzw. dem Team und dem Auftraggeber ab. Wenn alle Beteiligten beim gleichen Unternehmen beschäftigt sind, ist ein einziger Rechenschaftsbericht nicht nur vernünftig, sondern sogar wünschenswert. Wenn der Projektleiter bzw. das Team jedoch bei einem Vertragspartner beschäftigt ist, spiegeln getrennte Rechenschaftsberichte die speziellen und möglicherweise widerstreitenden Bedürfnisse beider Parteien wider.

Umfang, Aufmachung und Schwerpunkt eines nach Abschluss des Projekts erstellten Rechenschaftsberichtes richten sich nach Kosten, Art und Ergebnissen des Projekts. Große und teure Projekte ziehen ausgedehnte Rechenschaftsberichte nach sich, die von interdisziplinären Teams erstellt werden – um beispielsweise den Forderungen der Aktionäre zu entsprechen –, während Rechenschaftsberichte kleinerer Projekte mit begrenztem Budget oft gemeinsam vom Projektleiter und Auftraggeber erstellt werden und aus einem kleinen Dokument bestehen. Rechenschaftsberichte für Projekte, in denen hoch entwickelte technische Ausrüstung oder technisches Expertenwissen eingesetzt wird, über das das Auftrag gebende Unternehmen nicht verfügt, könnten von unabhängigen Experten erstellt werden.

Wer immer die Berichte anfertigt und wie immer sie aussehen: Es muss betont werden, dass sie keine Buchhaltungsübung sind. Vielmehr sollten sie zum Beispiel Schwierigkeiten aufdecken, die unter Umständen Gegenstand gerichtlicher Auseinandersetzungen zwischen dem Auftraggeber und dem Unternehmen, das das Projekt durchgeführt hat, werden könnten. Gerade wenn diese Berichte zu positiven Ergebnissen kommen, können sie dem Auftraggeber als offizielle Begründung für die entstandenen Kosten dienen oder den jeweiligen Vertragspartnern die Basis für eine bessere Kalkulation oder bessere Kontrolle und Überwachung von zukünftigen Projekten bieten. Aus diesem Grund sollten die Rechenschaftsberichte nach Abschluss eines Projekts mit großer Genauigkeit und Ehrlichkeit erstellt werden.

■ Abschließende Bewertung

Der Rechenschaftsbericht nach Abschluss des Projekts sagt nichts darüber aus, ob das Projekt die Versprechen erfüllt hat, die oft für die Gewährung der benötigten finanziellen Mittel gemacht werden. Versprechungen für künftige Aktivitäten und Cashflows können folgende Punkte betreffen:

◆ Umsätze – wenn sich das Projekt beispielsweise um die Einführung eines neuen Produkts dreht;

◆ die Leistung von technischen Anlagen und Maschinen – wenn sich das Projekt beispielsweise mit der Auswahl und Anschaffung eines leistungsstärkeren Kopierers beschäftigt;

◆ die Leistung von Unternehmen – wenn sich das Projekt beispielsweise um die Zentralisierung, Dezentralisierung oder das Reengineering von Unternehmen dreht;

◆ die Leistung von Mitarbeitern – wenn das Projekt beispielsweise die Erstellung neuer Trainingsprogramme beinhaltet.

Die abschließende Bewertung eines Projekts wird ausnahmslos vom Auftraggeber initiiert, selbst wenn sie aus Gründen der Unparteilichkeit oder des technischen Inhalts von einer dritten Partei vorgenommen wird. In großen Unternehmen mit vielen Projekten und hohen Investitionen wird die abschließende Bewertung oft von eigenständigen Abteilungen übernommen, die dem Vorstand direkt unterstellt sind. Die Bewertung nach Abschluss des Projekts berücksichtigt das ganze Projekt, von seiner Konzeption bis zwei oder drei Jahre nach Abschluss, und ihr Ziel ist es festzustellen, wie das Projekt und seine Ergebnisse

◆ in der Planungsphase beurteilt wurden,
◆ geleitet und implementiert wurden,
◆ in das Unternehmen des Auftraggebers integriert und
◆ angewendet werden.

Die Ergebnisse dieser Art von Bewertungen – deren Erarbeitung für große Projekte mehrere Monate und ein Team von Prüfern beansprucht – werden in einem förmlichen Bericht niedergelegt. Dieser Bericht soll in erster Linie der Verbesserung zukünftiger Projekte des Unternehmens dienen.

Beispiele dafür sind:

◆ eine bessere Kostenplanung – denn die Planung basiert auf Erfahrungswerten;
◆ eine bessere Einschätzung des Risikos – denn die Planung und die Einschätzung des Risikos basieren auf besseren Informationen;
◆ eine bessere Auswahl der Vertragspartner oder Subunternehmer – denn die Leistung der Vertragspartner oder Subunternehmer wird genauer ausgewertet und überprüft;
◆ ein besseres Projektmanagement – denn es werden bessere Instrumente des Projektmanagements und erfahrenere Projektleiter eingesetzt.

*P*ROJEKTÜBERGABE

In den vorhergehenden Kapiteln haben Sie gelesen, dass Projektleiter in der Lage sein müssen Teams zu führen und zu motivieren, das Projekt zu organisieren und sowohl mit dem Auftraggeber als auch mit dem Projektteam zu kommunizieren sowie Entscheidungen zu treffen. Und Sie haben erfahren, dass Befugnisse und Macht des Projektleiters sich daraus ableiten, wie diese Fähigkeiten eingesetzt werden und aus seiner Persönlichkeit. In einem erfolgreichen Projekt setzt der Projektleiter seine Macht geschickt und verständnisvoll ein,

◆ indem er den Mitgliedern des Projektteams ermöglicht, eigenverantwortlich zu handeln
◆ damit die Ressourcen des Projekts effizient eingesetzt werden.

In der Endphase des Projekts haben die meisten Mitglieder das Projektteam verlassen und die Ressourcen sind weitestgehend verbraucht, sodass der Projektleiter nur noch ein sehr kleines Team und sehr begrenzte Ressourcen zu managen hat. Die Mitarbeiter des Auftraggebers haben ihre Aufmerksamkeit auf das nächste Projekt gerichtet oder darauf, das Projekt zum Laufen zu bringen.

Bedeutet das, dass die Rolle des Projektleiters in der Endphase ihren Wert verloren hat? Ist der Projektleiter nun „von gestern" oder hat sich nur die Rolle verändert? Die Antwort ist, dass die Rolle sich zwar verändert, nicht aber ihre Gültigkeit verloren hat. In der Schlussphase wandelt sich der Schwerpunkt der Tätigkeiten folgendermaßen:

◆ vom Erreichen der Ziele hin zum Abschluss des Ganzen,
◆ von großen Problemen hin zu Details,
◆ von der Durchsetzung und Aufrechterhaltung von Befugnissen hin zur Delegation und Übertragung von Macht.

Für den Projektleiter ist dieser Wechsel nicht einfach zu vollziehen. Erfahrungsgemäß hat jedoch auch der Auftraggeber Schwierigkeiten, einen solch radikalen Wandel im Verhalten des Projektleiters zu akzeptieren.

Aus diesen Gründen sollte man eine formelle Zeremonie zur „Machtübergabe" an den Kunden in Erwägung ziehen und eine neue Position einführen, nämlich die eines Managers, der nur mit dem Abschluss des Projekts betraut ist. Auf jeden Fall sollte die Macht- oder Projektübergabe in angemessenem Rahmen stattfinden.

ZUSAMMENFASSUNG

■ Der effiziente Abschluss eines Projekts kann einen entscheidenden Beitrag zum Erfolg des Projekts leisten.

■ Der Projektabschluss ist die letzte Phase im Veränderungsprozess im Rahmen eines Projekts.

■ Die Probleme beim Abschluss eines Projekts sind einzigartig.

■ Ein effizienter Abschluss kann durch sorgfältiges Management folgender Faktoren erreicht werden:
– Mitarbeiter,
– Kommunikation,
– Informationen und
– Machstrukturen.

■ Rechenschaftsberichte nach Abschluss des Projekts
- sollen sowohl vom Auftraggeber als auch vom Projektteam erstellt werden;
- können die Feststellung folgender Punkte betreffen:
- den Grad der Fertigstellung der Projektergebnisse,
- die für die Erstellung dieser Ergebnisse angefallenen Kosten und
- die Effektivität und die Relevanz der eingesetzten Instrumente des Projektmanagements.

■ Die abschließende Bewertung des Projekts sollte
- vom Auftraggeber durchgeführt werden,
- das ganze Projekt überprüfen und
- bei der Konzeption des Projekts beginnen und zwei Jahre nach Anwendung der Ergebnisse enden.

Schlüsselfaktoren für erfolgreiche Projekte

ÜBERBLICK

Alle Faktoren, die ein erfolgreiches Projekt ausmachen, waren Gegenstand unserer Betrachtungen. Das letzte Kapitel bietet noch einmal einen zusammenfassenden Überblick über diese Schlüsselfaktoren.

ZIELE

Am Ende dieses Kapitels sollten Sie
- sich noch einmal alle Schlüsselfaktoren ins Gedächtnis gerufen haben,
- für sich die Erkenntnis ziehen, wie Sie zukünftig Ihre Projekte leiten wollen.

ZUSAMMENFASSUNG DER SCHLÜSSELFAKTOREN

Projektdefinition

Ein Projekt ist eine Abfolge von Aktivitäten, die im Zusammenhang stehen, in einem begrenzten Zeitraum durchgeführt werden und darauf ausgerichtet sind, ein einmaliges, genau festgelegtes Ergebnis zu erzielen.

Alle Projekte beziehen Mitarbeiter mit ein und sind einmalig. Sie drehen sich um Veränderungen, haben festgelegte Ergebnisse und Fertigstellungstermine und benutzen vorübergehend eine Vielfalt von Ressourcen.

Alle Projekte haben einen Lebenszyklus mit den Phasen Konzeption, Entstehung und Entwicklung, Durchführung und Abschluss.

Risiko und Ungewissheit

Alle Projekte beinhalten Risiken und Ungewissheiten, die jedoch auf verschiedene Weise verringert werden können, indem man die Art, die Höhe und die Ursache der voraussehbaren Risiken feststellt und die notwendigen Schritte (wenn möglich) dagegen einleitet und schließlich, indem man entscheidet, ob man diese Risiken akzeptiert oder nicht.

Auswahl des Projekts

Die Auswahl des „richtigen" Projekts ist eine der wichtigsten Maßnahmen für ein erfolgreiches Projekt. Projekte können mithilfe nichtquantitativer oder quantitativer Bewertungsverfahren ausgewählt werden, zum Beispiel

- Nutzwert,
- Amortisationsdauer,
- Rendite,
- Kapitalwert,
- Interner Zinsfuß.

Projektorganisation

Eine wirksame Projektorganisation trägt widerstreitenden Bedürfnissen Rechnung: denen des Auftraggebers, des Projekts und des Projektteams.

Die Haupttypen der Projektorganisation sind: Stabs-Projektorganisation, reine Projektorganisation, Matrix-Projektorganisation.

Die Wahl der für Ihr Projekt richtigen Organisationsform erfordert Urteilsvermögen, Kenntnis dessen, was in der Vergangenheit funktioniert hat, Verständnis der Projektergebnisse, der Risiken, der Kosten, der Dauer sowie des Bedarfs an spezieller Technologie und Know-how.

Die ersten und wesentlichsten Schritte bei der Organisation Ihres Projektes sind die Erstellung eines genauen Projektauftrags, die Festlegung der Positionen und Zuständigkeiten, die Einführung eines Projektabrechnungssystems und die Kontrolle des Veränderungsprozesses.

Projektplanung

Der Projektplan ermöglicht es, Zielvorgaben in konkrete Realität umzusetzen. Ein erfolgreicher Projektplan wird durch die Qualifikation und Fähigkeiten der Mitarbeiter mit Leben erfüllt. Der erste Schritt bei der Erstellung eines Plans ist die Auflistung der notwendigen Aktivitäten, von Anfangs- und Endterminen und von benötigten Mitarbeitern und Ressourcen.

Projektpläne sind beispielsweise Balkendiagramme, Vorgangspfeil- oder P-Netzpläne beziehungsweise Vorgangsknoten- oder K-Netzpläne.

Projektleiter

Die Rolle des Projektleiters ist anspruchsvoll und aufregend. Sie erfordert eine seltene Mischung an Fähigkeiten und Qualifikationen und ist ein Schlüsselfaktor für den Erfolg eines Projekts. Seine Hauptaufgabe besteht darin, festzulegen wie die Ziele des Projekts erreicht werden. Dazu muss der Projektleiter in der Lage sein, zu integrieren anstatt zu spalten, er muss die Mittel bereitstellen anstatt zu kontrollieren und er muss stets das große Ganze im Auge haben.

Darüber hinaus muss er Teams führen und motivieren können. Er muss die Fähigkeit besitzen, zu kommunizieren und die benötigten Ressourcen, die Mitarbeiter und die Informationen zu organisieren. Und natürlich muss er Entscheidungen treffen können.

Projektteam

Ein gutes Projektteam ist unerlässlich für ein erfolgreiches Projekt. Projektteams unterscheiden sich von Gruppen, denn seine Mitglieder verfolgen ein gemeinsames Ziel, handeln kooperativ und erarbeiten kollektive Ergebnisse in Form von festgelegten, messbaren Team-„Produkten".

Erfolgreich arbeitende Teams haben normalerweise zwischen sechs und acht Mitglieder, höchstens zehn. Sie durchlaufen verschiedene Entwicklungsphasen, die durch eine unterschiedliche Arbeitsatmosphäre und Produktivität gekennzeichnet sind.

Das Verhalten der Mitglieder eines Projektteams wird von der Aufgabe des Projekts und vom Verhalten der anderen Teammitglieder beeinflusst.

Teammitglieder sollten aufgrund ihrer Fachkenntnisse, ihrer Entscheidungsfreudigkeit und ihrer Fähigkeit Probleme zu lösen und mit anderen Teammitgliedern zusammenzuarbeiten, ausgewählt werden.

Projektkostenplanung

Die Erstellung einer genauen Kostenplanung und eines Budgets ist für den Erfolg eines Projekts unverzichtbar. Schätzwerte und ihre entsprechende Fehlerquote sind u. a.

◆ Faustformeln (± 30%),
◆ Feasibility-Studien (± 15–25%),
◆ Kostenvoranschläge (± 5–10%).

Die Kostenplanung muss folgende Kostenarten berücksichtigen: Personal, Material und Ausrüstung, Versicherungen, Steuern und andere Gebühren. Außerdem muss gegebenenfalls die Inflationsrate und eine Sicherheitsrücklage für unvorhergesehene Ereignisse berücksichtigt werden.

Schätzverfahren sind die exponentielle Methode, Lernkurven, Aktivitätsprofile und die faktorielle Schätzung.

Budgets sind Pläne für den Einsatz finanzieller Mittel. Sie erlauben die Überwachung und Kontrolle von Projekten.

209

Projekte und Veränderungen

Effektives Management des Veränderungsprozesses im Rahmen eines Projekts ist der Schlüssel zum Erfolg des Projekts.

Ein Projekt verfolgt das Ziel, Veränderungen herbeizuführen, die im Allgemeinen, unumkehrbar sind.

Dieser Veränderungsprozess muss mit Bedacht und Sorgfalt gesteuert werden. Hierbei helfen Instrumente wie die Kraftfeldanalyse und der koordinierte und der ausgewogene Einsatz von Faktoren wie Menschen, Kommunikation, Informationen und Macht.

Effektives Management von Veränderungen akzeptiert den Widerstand, mit dem Menschen auf Veränderungen reagieren, und setzt ihn für seine Zwecke ein.

Es akzeptiert und arbeitet mit Konflikten, bezieht diejenigen mit ein, die von der Veränderung betroffen sind, und fördert ihr Engagement.

Problemlösungstechniken in Projekten

In Projekten ergeben sich Probleme, die jeden Aspekt des Projekts betreffen können und eine Vielzahl von Ursachen und eine ebenso große Zahl von Lösungen haben.

Projektprobleme können gelöst werden, indem man Informationen zusammenträgt, analysiert und das Kernproblem herausfindet. Danach werden verschiedene Lösungsmöglichkeiten entwickelt und schließlich wird ausgewählt, welche umzusetzen ist.

Informationen über die Probleme des Projekts können mithilfe von Diagrammen, Stichproben und Kennzahlen gesammelt und analysiert werden anhand von

◆ Durchschnittswerten, Zentralwerten (Median) oder Modalwerten,
◆ gleitenden Durchschnitten und
◆ Entscheidungsbäumen.

Alternative Lösungen können durch Brainstorming oder laterales Denken ermittelt und durch die Delphi-Methode oder das Nutzwertverfahren bewertet werden.

Konflikte

Konflikte treten in allen Projekten auf, und zwar mit guten wie auch schlechten Auswirkungen. Konflikte in Projekten entstehen oft aus gegensätzlichen Bedürfnissen des Auftraggebers, des Projekts und des Projektteams. Sie entstehen in den meisten Fällen aus divergierenden Ansichten über Einfluss, Befugnisse und Autonomie des Projektteams. Sie sollten durch Vermeidung im Vorfeld oder durch Entschärfung, u. U. auch durch Zurückhaltung oder Konfrontation gelöst werden. Auf welchem Wege dies geschieht, hängt von den Umständen, vom Sachzusammenhang und von den Prioritäten der Beteiligten ab.

Die Akzeptanz und das Management von Konflikten führt zu gesteigertem Vertrauen sowie zu höherer Risikobereitschaft und mündet in Gewinn-Gewinn-Situationen.

Das Ignorieren oder die Unterdrückung von Konflikten führt zum Verlust an Vertrauen und Offenheit, zu Frustration und kann Verlust-Gewinn-, Gewinn-Verlust- oder Verlust-Verlust-Situationen nach sich ziehen.

Durch Verhandlungen können Gewinn-Gewinn-Situationen erzielt werden; sie ergeben sich während des gesamten Lebenszyklus eines Projekts. Effektive Verhandlungen erfordern besondere Fertig- und Fähigkeiten aller Beteiligter.

Projektüberwachung und -kontrolle

Eine effiziente Projektüberwachung und -kontrolle ist für den Erfolg eines Projekts unerlässlich. Die Projektüberwachung umfasst das Messen, Sammeln, Aufzeichnen, Vergleichen und Analysieren von Informationen. Sie basiert auf dem Projektplan und auf dem Projektbudget und bedient sich folgender Instrumente: Meilensteine, Abweichungsanalysen, S-Kurven, Kostenanalysen, Projektfortschrittsberichte und Projektmeetings.

Die Projektkontrolle zielt darauf ab, Abweichungen vom Projektplan zu reduzieren, wird durch die Messung der Geschehnisse, durch Soll-Ist-Vergleiche und durch die Anpassung der Inputs eines Projekts in Relation zur positiven oder negativen Höhe der Planabweichungen gewährleistet.

Abschluss eines Projekts

Der effiziente Abschluss eines Projekts kann einen entscheidenden Beitrag zum Projekterfolg leisten. Der Projektabschluss ist die letzte Phase im Veränderungsprozess im Rahmen eines Projekts und ist durch besondere Probleme gekennzeichnet. Ein erfolgreicher Abschluss wird erreicht, wenn das Management die Faktoren Mitarbeiter, Kommunikation, Informationen und Machtstrukturen sinnvoll und zielgerichtet einsetzt.

Rechenschaftsberichte nach Abschluss des Projekts können sowohl vom Auftraggeber als auch vom Projektteam erstellt werden und betreffen die Feststellung folgender Punkte: den Grad der Fertigstellung der Ergebnisse des Projekts, die für die Erarbeitung dieser Ergebnisse angefallenen Kosten, die Effektivität und die Relevanz der eingesetzten Instrumente des Projektmanagements.

Die abschließende Bewertung des Projekts sollte vom Auftraggeber durchgeführt werden und dem gesamten Projekt gelten. Dabei ist bei der Konzeption des Projekts zu beginnen und ein Zeitraum bis zu zwei Jahren nach dem Einsatz der Ergebnisse abzudecken.

KÖNNEN SIE EIN PROJEKT ERFOLGREICH LEITEN?

Kreisen Sie bei jedem der folgenden Punkte die Zahl ein, die Ihrer Art der Projektleitung am nächsten kommt, und zählen Sie dann die einzelnen Werte zusammen.

Ich bewerte alles.	1 2 3 4 5 6 7	Ich überwache die Schlüsselaspekte des Projekts.
Ich führe mein Team immer auf die gleiche Art und Weise.	1 2 3 4 5 6 7	Ich versuche herauszufinden, welcher Führungsstil für dieses Team und dieses Projekt am besten ist.
Wir bezahlen sie – ist das nicht genug?	1 2 3 4 5 6 7	Ich betrachte mein Team als kreative Problemlöser.
Als Projektmanager sage ich den Menschen, was ich denke.	1 2 3 4 5 6 7	Ich höre den Menschen zu, wenn sie reden, und sie hören mir zu, wenn ich rede.

Planung ist Zeitverschwendung.	1 2 3 4 5 6 7	Planungen sind eine wichtige Grundlage für Entscheidungen
Die Beiträge meines Teams sind begrenzt.	1 2 3 4 5 6 7	Jeder ist voll engagiert und sinnvoll eingesetzt.
Ich setzte Veränderungen schärfsten Widerstand entgegen.	1 2 3 4 5 6 7	Veränderung ist eine Möglichkeit, die man wahrnehmen sollte.
Konflikte sind schädlich und sollten unterdrückt werden.	1 2 3 4 5 6 7	Konflikte können nützlich sein, wenn sie gelöst werden.
Wenn ich Verhandlungen führe, versuche ich die andere Seite „über den Tisch zu ziehen".	1 2 3 4 5 6 7	Ich versuche ein Ergebnis zu erzielen, das für alle befriedigend ist.
Der Abschluss eines Projekts ist eine langweilige Aufgabe, die an ein jüngeres Mitglied des Teams delegiert werden sollte.	1 2 3 4 5 6 7	Der Abschluss eines Projekts ist genauso wichtig wie sein Beginn.

Auflösung:

Gesamt 10–30 Punkte: Das können Sie nicht ernst gemeint haben!

Gesamt 30–50 Punkte: Gut gemacht – ein gutes Ergebnis und eine ausbaufähige Basis.

Gesamt 50–70 Punkte: Hervorragend – nun sollten Sie loslegen.

SCHLUSSBEMERKUNG

Der perfekte Projektleiter muss erst noch geboren werden. Wir alle leiten unsere Projekte auf der Grundlage unterschiedlicher Leistungen und Fähigkeiten. Und so sollte es auch sein, denn wir sind – wie unsere Projekte – einmalig und individuell verschieden – jeder mit seinen persönlichen und einzigartigen Kenntnissen, Erfahrungen und Fähigkeiten. Sinn dieses Buches war nicht, perfekte „Super-Projektleiter" zu schaffen, sondern die vielen Manager, die das mächtige Instrument „Projekt" benutzen, in die Lage zu versetzen, dies effektiver zu tun. Die Art und Weise, wie Sie als Individuum Ihre Projekte leiten, kann Ihnen nicht von oben eingegeben werden – sie werden dies vielmehr selbst festlegen, ausprobieren, verändern, weiterentwickeln und sogar neu erfinden, wenn Sie Ihre Projekte leiten.

Meine Hoffnung ist, dass dieses Buch Ihnen den Beginn oder die Weiterführung dieses Prozesses ermöglicht und dass Sie es so gerne gelesen haben wie ich es geschrieben habe. Viel Spaß mit Ihren Projekten!

Glossar

Abhängigkeit
Wenn eine Aktivität nicht begonnen werden kann, bevor eine vorhergehende Aktivität nicht abgeschlossen ist.

Aktivität (Arbeitsvorgang)
Ein grundlegender Bestandteil eines Projektplans, der Zeit und Ressourcen in Anspruch nimmt.

Amortisationsdauer
Der Zeitraum vom Beginn eines Projekts bis zu dem Punkt, an dem der kumulierte Cashflow gleich Null ist.

Balkendiagramm
Eine Methode der Projektplanung, bei der die Aktivitäten auf der horizontalen Zeitachse als Balken dargestellt werden.

Beschäftigungsabweichung
Die Differenz zwischen den budgetierten Kosten für die ausgeführte Arbeit und den budgetierten Kosten für die ursprünglich geplante Arbeit.

Budget
Geplante Einnahmen und Ausgaben des Projekts auf der Basis von Schätzungen über Arbeitszeit, benötigte Materialien und Ausrüstung.

Charakteristika von Projekten
– im Mittelpunkt stehen Menschen,
– einzigartig,
– begrenzte und festgelegte Lebensdauer,
– beinhaltet Veränderungen,
– festgelegte Ergebnisse,
– Einsatz einer Vielzahl von Ressourcen.

FAZ
Der frühestmögliche Startzeitpunkt, an dem eine Aktivität begonnen werden kann.

FZ
Frühester Zeitpunkt des Ereignisses.

Interner Zinsfuß
Der Zinssatz, bei dem der Kapitalwert des Projekts bei Null liegt. Der interne Zinsfuß kann auch als Effektivverzinsung (Rendite) eines Projekts bezeichnet werden.

Kapitalwert
Die Summe der Barwerte der erwarteten zukünftigen Überschüsse eines Projekts abzüglich des Kapitaleinsatzes, der benötigt wird, um das Projekt durchzuführen.

Knoten
Ein Verbindungspunkt in einem Netzplan zur Projektplanung. In einem P-Netzplan stellt er den Beginn oder das Ende einer Aktivität dar, in einem K-Netzplan stellt er die Aktivität selbst dar.

Kostenabweichungen
Die Differenz zwischen den budgetierten Kosten für die auszuführende Arbeit und den tatsächlich entstandenen Kosten.

Kritischer Pfad
Die Abfolge von Aktivitäten, die in der kürzesten Zeit zur Fertigstellung des Projekts führt.

Lebenszyklus eines Projekts besteht in der Abfolge von:
– Konzeption,
– Entstehung und Entwicklung,
– Durchführung,
– Ausklang und Ende.

Matrix-Projektorganisation
Eine Art der Projektorganisation, bei der die Mitglieder des Projektteams sowohl ihrem unmittelbaren Vorgesetzten als auch dem Projektleiter unterstellt sind.

Meilensteine
Signifikante Punkte in einem Projekt.

Nutzwertanalyse
Eine Methode zur Auswahl eines Projekts. Dabei wird eine Liste unter verschiedenen, in Relation zueinander stehenden Kriterien erstellt; die Kriterien werden mit Punkten bewertet. Anschließend wird die Summe der einzelnen Werte gebildet.

Projekt
Eine Abfolge von Aktivitäten, die
- im Zusammenhang stehen,
- in einen begrenzten Zeitraum hinweg durchgeführt werden,
- auf die Erstellung eines vorher festgelegten, einmaligen Ergebnisses ausgerichtet sind.

Projektauftrag
Die Zusammenstellung verbindlicher Informationen über den Umfang eines Projekts, seine Ziele, Organisation, Budget und Begründung.

Projekt-Inputs bestehen u.a. aus:
- aus Informationen,
- Mitarbeitern und
- Ressourcen.

Pufferzeit
Die Differenz zwischen der Zeit, die für eine Aktivität benötigt wird, und der Zeit, die dafür zur Verfügung steht.

Reine Projektorganisation
Eine Art der Projektorganisation, in der das Projektteam als eine eigenständige Organisation existiert, unabhängig vom auftraggebenden Unternehmen.

Rentabilität
Jährlicher Gewinn dividiert durch Projektkosten x 100%

Rentabilitätsindex
Der Quotient aus dem Kapitalwert des Projekts und dem für die Durchführung benötigten Kapital.

Risiko
Die geschätzte Höhe der Ungewissheit.

SAZ
Der spätestmögliche Startzeitpunkt, zu dem eine Aktivität begonnen werden kann.

Schätzwert
Eine ungefähre Einschätzung der Kosten oder der Menge an Ressourcen, die für eine Projekt-Aktivität oder -Aufgabe benötigt werden.

Scheinaktivität (Dummy)
Eine Verbindung in einem Vorgangspfeil-Netzplan, die nicht eine Aktivität oder Zeitdauer, sondern eine Abhängigkeit anzeigt.

Schlüsseldimensionen eines Projekts sind:
– Kosten,
– Zeit,
– Durchführung und
– Qualität

Stabs-Projektorganisation
Eine Projektorganisation, bei der die Projektaktivitäten in die Struktur des Unternehmens des Kunden eingebunden sind.

SZ
Spätester Zeitpunkt des Ereignisses.

Ungewissheit
Das Fehlen von Informationen über die Dauer, das Auftreten oder den Wert zukünftiger Ereignisse.

Vorgangsknoten- oder K-Netzplan

Eine Methode zur Planung von Projekten, bei der die einzelnen Aktivitäten durch Knoten dargestellt werden.

Vorgangspfeil- oder P-Netzplan

Eine Methode zur Planung von Projekten, bei der die einzelnen Aktivitäten durch Pfeile dargestellt werden.

▌ Register

Im FALKEN Verlag sind zahlreiche Titel zu den Themen Bewerbung/Beruf/Karriere erschienen. Sie sind überall erhältlich, wo es Bücher gibt.

Sie finden uns im Internet: **www.falken.de**

Der Text dieses Buches entspricht den Regeln der neuen deutschen Rechtschreibung.

Dieses Buch wurde auf chlorfrei gebleichtem und säurefreiem Papier gedruckt.

ISBN 3 8068 7388 7

© der deutschen Ausgabe 1999 by FALKEN Verlag, 65527 Niedernhausen/Ts.
© der Originalausgabe „Managing Successful Projects" 1995 by Philip Baguley.
This translation of Baguley: „Managing Successfull Projects", 1st edition is published by arrangement with Financial Times Management, a division of Financial Times Professional Limited, London.

Umschlaggestaltung: Peter Udo Pinzer
Layout: Klaus Ohl, Wiesbaden
Redaktion: Christel Fischer, Wiesbaden
Koordination und Schlussredaktion: Monika Staadt-Döge, Regine Gamm
Fotos: Tony Stone/James Harrington, München
Herstellung: Hermann Schneider

Die Ratschläge in diesem Buch sind von Autor und Verlag sorgfältig erwogen und geprüft, dennoch kann eine Garantie nicht übernommen werden. Eine Haftung des Autors bzw. des Verlags und seiner Beauftragten für Personen-, Sach- und Vermögensschäden ist ausgeschlossen.

Satz: Raasch & Partner GmbH, Neu-Isenburg
Druck: Ludwig Auer GmbH, Donauwörth

817 2635 4453 6271